A Revolução das Donas de Casa

Marie Theres Kroetz-Relin

Colaboração de Anja Quattlender

A Revolução das Donas de Casa

Histórias Divertidas das "Gerentes que Não Cobram Nada"

Tradução

ZILDA HUTCHINSON SCHILD SILVA

EDITORA CULTRIX

São Paulo

Título original: *If Pigs Could Fly.*

Dados Internacionais de Catalogação da Publicação (CIP)
(Câmara Brasileira do Livro, SP, Brasil)

A revolução das donas de casa : histórias divertidas das "gerentes que não cobram nada" / Marie Theres Kroetz-Relin (organizadora) ; colaboração de Anja Quattlender ; tradução Zilda Hutchinson Schild Silva. — São Paulo : Cultrix, 2007.

Título original: If pigs could fly.
Vários autores.
ISBN 978-85-316-0992-3

1. Donas de casa – Psicologia 2. Humorismo 3. Mulheres – Psicologia 4. Relações interpessoais I. Kroetz-Relin, Marie Theres. II. Quattlender, Anja.

07-7383 CDD-305.43649

Índices para catálogo sistemático:
1. Donas de casa : Relacionamentos : Sociologia 305.43649

O primeiro número à esquerda indica a edição, ou reedição, desta obra. A primeira dezena à direita indica o ano em que esta edição, ou reedição, foi publicada.

Edição	Ano
1-2-3-4-5-6-7-8-9-10-11	07-08-09-10-11-12-13-14

Direitos de tradução para o Brasil
adquiridos com exclusividade pela
EDITORA PENSAMENTO-CULTRIX LTDA.
Rua Dr. Mário Vicente, 368 — 04270-000 — São Paulo, SP
Fone: 6166-9000 — Fax: 6166-9008
E-mail: pensamento@cultrix.com.br
http://www.pensamento-cultrix.com.br
que se reserva a propriedade literária desta tradução.

SUMÁRIO

Por enquanto

Solidão? Uma semente germina!

Potencial criativo da dona de casa

Definição de dona de casa

Por enquanto

Marie Theres Kroetz-Relin

Se as pobres porcas pudessem voar

> *"Cara senhora, eu já fui um porco voador, mas perdi as minhas asas (como tantas outras coisas) e não consigo mais encontrá-las. Por isso fico muito mais alegre quando posso ajudá-la a preencher o seu belo livro num dos meus muitos dias vazios; e lhe desejo muita sorte em todas as suas manobras de vôo. Seu marido."* (Franz Xaver Kroetz)

Como a minha mulher tem idéias tão absurdas? Isso tudo não se encaixa, nem antes nem depois. Ou será que encaixa?

E vou lhe dizer uma coisa: o riso faz com que se encaixe.

O humor existe quando rimos apesar de tudo, inclusive de nós mesmos. Quando deixamos de lado a perspectiva subjetiva e olhamos de viés para a vida das donas de casa.

Não há nada engraçado na imagem social da dona de casa, ao contrário: há 22 milhões de donas de casa na Alemanha, entre elas 15 milhões são "apenas donas de casa" e diariamente acumulam com muito talento a função de esposa, mãe, amante, musa, faxineira, cozinheira, protetora de almas, irmã de caridade, jardineira, motorista, promotora de festas familiares, educadora, secretária, especialista em nutrição, psiquiatra, decoradora de interiores, pedagoga, agente de mediação, bibliotecária, sem contar com o seu talento de improvisação, de ensino... e tudo de uma só vez! Suas qualidades de educação maternal se destacam por grande flexibilidade, paciência, compreensão, tempo no momento certo e muito amor.

Mas as perspectivas de futuro para uma "gerente que não cobra nada" são poucas: 24 horas por dia, quase nenhum tempo livre, nenhum salário, nenhuma pensão vitalícia adequada; e as chances de voltar à vida profissional são iguais a zero.

E os políticos? Esses falam muito e fazem pouco. Eles chamam os nossos filhos de "capital humano" e preferem preocupar-se com a falta de filhos em vez de combater a pobreza das crianças. Uma idéia assustadora: basta pensarmos que agora cada décima criança na Alemanha está abaixo do limite da pobreza e talvez tenha 150 Euros por mês à disposição para viver. [E aqui uma família pode não ter 80,00 (45% da população).]

Nós praticamos e suportamos melhor a crítica quando ela vem embalada num sorriso. Os grandes cômicos comprovaram isso com freqüência.

Mas eu queria lhes contar como cheguei à revolução das donas de casa.

Deve ter sido em outubro de 2001.

Meu marido e eu estávamos na cama e excepcionalmente muito alegres. Eu descrevi em cores vivas o meu trabalho, desculpe, o meu cotidiano de dona de casa como mãe de "apenas" três filhos e minhas amargas esperanças quanto ao futuro. E nós rimos calorosamente com as minhas divertidas histórias sobre a minha correria durante o dia e as tentativas muitas vezes vãs de unir minhas várias profissões.

"Onde fica o nosso reconhecimento social?", eu lhe perguntei. "Se eu limpo realisticamente a privada num filme, como artista, me filmam com a câmera dourada; na vida real, ao contrário, esse trabalho sujo é uma coisa natural. Isso é injusto!"

"Mas a sua vida comigo não é ruim!", ele me interrompeu.

"Mas também não é boa", respondi malcriadamente piscando um olho.

"Imagine", recomecei, "em 1993 os homens de fato se reuniram na Conferência dos Direitos Humanos Mundiais em Viena para confirmar por escrito: as mulheres também são seres humanos!"

"Isso foi um erro!", ele disse secamente e sorriu.

"Com certeza eles não estavam se referindo à dona de casa como ser humano! Mas nós, mulheres, também somos culpadas, você entende? O que empreendemos contra isso? Nós capitulamos diante da nossa imagem, solitárias junto ao fogão e calamos a boca. Não ousamos nem mesmo pronunciar a palavra dona de casa..."

"Está certo, mas isso não interessa a nenhum porco!"

"É como digo, eu sou uma pobre porca. De resto, as porcas e as donas de casa têm muito em comum: ambas são subestimadas, são inteligentes, muito limpas e, apesar disso, têm de viver num chiqueiro. Ambas são atacadas pelo *stress*, são sinônimo de felicidade, mas também de muita coisa negativa. Até mesmo no uso da língua todos os modos de falar sobre as porcas servem para a dona de casa também..."

"Agora fiquei com fome. O que vamos comer amanhã?", ele perguntou.

"Assado italiano de porco! O que mais?", eu ri, gozei o pingue-pongue verbal e fui transportada pela minha fantasia.

"Ei, você não me leva a sério. Mas espere! Eu não fiz tudo isso em vão. Há 15 anos estou no campo de formação — assim como — ah, como Che Guevara..."

Imediatamente eu me vi como a Che Guevara das donas de casa, arrastando-me pela floresta do dia-a-dia, com lenço de cabeça e estrela, não, porco, em traje militar e escovão no cinto, tendo como arma minha razão aguçada e um esfregão para polir a empoeirada imagem da dona de casa.

"Eu vou começar uma revolução das donas de casa!" Fechei minha atrevida linha de pensamentos e lhe perguntei: "Você sabe o que significa *Se as pobres porcas pudessem voar?*".

"Se os porcos pudessem voar."

"Não, quanto ao sentido?"

"Liberar o mau humor!"

"Não, significa tornar o impossível possível! Você já verá. E em algum momento haverá uma *homepage* que se chamará www.revolucaodasdonasde casa..."

Agora a minha fantasia não podia mais ser detida, pois naquela ocasião eu não sabia nada sobre computadores nem sobre a internet e o www. estava tão distante quanto o nirvana.

"Portanto, liberar o mau humor! Mas agora estou cansado. Continue sonhando. Boa noite", disse ele e me deu um beijo na boca.

"Sim, isso também", pensei, fechei os olhos e me pus a caminho da revolução das donas de casa.

Foi um longo caminho até o começo. Mas o caminho é o objetivo — não só para o nirvana.

Lisa Fitz

Liberar o mau humor

Você conhece a expressão "liberar o mau humor"?

Esse é um ditado muito tolo que cada pessoa entende de modo diferente.

Isso significa "aprontar com alguém, deixar alguém à margem, fazer a pessoa dançar; significa orgias, excessos, brigas, festas".

Por exemplo, o que você entende por "liberar o mau humor"?

De acordo com a experiência, o mau humor só é extravasado depois de cerca de seis chopes. Antes ele é contido. Raras vezes se extravasa o mau humor em estado sóbrio. Isso se deve à decência e a uma inibição condicionada pela educação e à nossa tradição de certa obrigatória obediência às autoridades. Isso está em ordem — a ordem precisa existir. Por sua vez, essa ordem também pode representar a incubação da perda de controle e por isso, de vez em quando, é preciso liberar o mau humor.

Na maioria das vezes a explosão de fúria acontece na mesa de honra. Aí a fúria é extravasada na roda de amigos e, no máximo em casa, perto da mãe, ela é interiorizada outra vez. Portanto, trata-se mais de um número de circo do que de um ato de libertação. Por assim dizer, uma explosão de fúria de vida curta. Por isso sempre penso que "República da Baviera" não é um conceito adequado. Mais apropriado seria: "Cercado da Baviera". Assim como o dos porcos selvagens no Parque Forstenrieder.

Por exemplo, quem nunca extravasa a fúria — é a mulher — mesmo depois de seis chopes, porque estes são bebidos na maioria das vezes pelos homens. Na época do matriarcado a porca selvagem era o símbolo sagrado das deusas, da fertilidade, da sexualidade e da agressividade femininas. A porca selvagem, espumando de raiva, pisoteia tudo o que estiver no seu caminho. E coitado de quem está sujeito à sua explosão de fúria. E a mulher não tinha inveja do homem, muito menos de uma parte do seu corpo, mas o homem com o tempo ficou com muito medo da porca selvagem na mulher — e para que ela não pudesse mais extravasá-la, ele disse a si mesmo: "a coisa mais esperta a fazer é instituir um patriarcado, então haverá paz!" Em seguida se destronou a porca selvagem feminina e todas as deusas, investiu-se no mesmo deus masculino — eliminaram as mulheres de todas as escrituras sagradas e se afirmou: Deus é um homem! Simples assim. Estrategicamente, isso está totalmente certo; estrategicamente legal. E assim a porca selvagem sagrada se transformou na porca caseira domesticada.

Mas agora é assim: Como tudo o que estava em toda a história da humanidade também está em nós — essa porca selvagem deve estar em algum lugar — e resta a questão de como fazê-la espumar sem seis chopes, sem que o homem logo tenha de ficar com medo e empreender guerras para ter experiências de sucesso e nenhum medo potencial. E nenhuma sensação de desamparo diante da mãe primordial que tudo devora. Nós nunca engolimos ninguém — em cem mil anos de história da humanidade.

A determinação do homem — do ponto de vista puramente biológico — desabrocha numa coisa maior a favor dessa nova coisa. Pois bem! Se o novo deve surgir, o homem não deve tirar o poder da mulher, mas frutificá-lo. Em todo relacionamento. Senão, para que ele existiria? Senão ele cairia — junto com seus seis chopes. E onde estávamos? Falando da porca, é claro.

E a mulher agora, quando ela desperta do seu coma de Cinderela de porca doméstica e ativa e solta a porca sagrada, à medida, por exemplo, que estabelece os limites diários para o guerreiro impelido pela testosterona, a Terra poderia soltar a porca por mais um momento.

Caso contrário, tivemos sorte pela última vez!

Solidão?
Uma semente germina!

Marie Theres Kroetz-Relin

Prisão no cérebro

"Torne-se útil, assim não será percebido."

Franz Xaver Kroetz

Anotação no diário em 1º de janeiro de 2002

Querido diário — não, eu não me esqueci de você, não, nunca... mas esses bons dias foram tão puros, tão bons, eles me deixaram respirar tanto, que eu não queria mantê-los na forma escrita. Eu estava tão livre de todo medo! Depois de muitos anos finalmente cheguei outra vez a ser eu mesma numa prisão psíquica, simplesmente estava feliz.

Esse tempo foi inacreditavelmente belo, em que eu fui eu mesma, na busca do meu eu, conhecendo meus talentos e sabendo que ainda tenho uma missão a cumprir.

Eu lutei como uma leoa para manter esse bom estado eternamente. Mas capitulei diante de mim mesma, eu perdi. Preciso de nova força, mas não sei mais de onde tirá-la. Só sei que sou grata por ter alcançado novamente as raízes do meu eu. Eu percebi que em algum momento também alcançarei o meu objetivo, assim que resolver continuar no meu difícil caminho.

Esse estado de felicidade alcançou as profundezas da minha alma, permitiu que eu conhecesse o amor, me abriu mundos.

Mesmo que naquela época tudo me parecesse sombrio, ainda assim eu o segurei com minhas mãos. E quando tudo parece ser tão sem perspectiva: eu sei que posso evocar outra vez esse estado que vivi e aceitei uma vez.

Também a minha dor interminável pertence a ele — sem negativo não existe positivo. Preciso aprender a assumir os meus erros, manter as costas eretas e eliminar outra vez o medo.

Passei por 15 anos de aprendizado, capitulei muitas vezes diante de mim e da minha feminilidade, resolvi tudo sozinha, nas situações mais difíceis. E gostei de fazer isso, não me arrependo de nada.

Mas esses anos de viagem serviram para alguma coisa?

Eu tive várias explosões, minhas disposições interiores falam em coro. Elas me ditam a minha vida e há uma força que me impele, a ponto de eu pensar que ela me rasgaria. Preciso encontrar uma expressão. Eu sei, ainda não é isso, algo continua me impelindo, há uma pressão para eu fazer alguma coisa. Será algo grande... para mim. Todo o meu caminho, também o meu sofrimento estão predeterminados. Eu só não sei quando devo parar e ser eu mesma. Ainda não. Mas vou descobrir.

Vista de fora sou como uma máquina em operação, tudo funciona regularmente, taque, taque, taque, não me tira da trilha, taque, taque, o cotidiano, os filhos a quem amo infinitamente, o marido, as tarefas domésticas, taque — tudo está organizado, tudo dá certo, taque, eu sou a força impulsionadora para muitas pessoas que me cercam — mas no âmago do meu ser impera o caos. Há milhares de energias que jorram em mil direções. Elas têm de ser unidas para alcançar alguma coisa — agora estão girando confusas e se desfazem no nada.

Agora estou diante de um cruzamento com uma porta negra, a porta da minha prisão psíquica — mas através de uma fresta brilha a luz. Eu tenho de abrir essa porta e ir para a luz. Uma tarefa me espera, o caminho está pronto. Tenho de encontrar a força para percorrer esse caminho que me levará para onde tenho de ir.

Escrever liberta. Proporciona a necessária paz.

Ontem me ocorreu a seguinte frase: "*La vie est courte et je n´existe pas.*" É triste, porém verdadeiro: a vida é curta e eu não existo.

Eu não posso viver o meu eu na música, nem na dança, na pintura, mesmo que ajude outras pessoas. Nesse tolo papel de dona de casa eu me sinto pressionada: é um papel que não quero representar mais: depressiva, silenciosa, sem vontade, tola e não atraente — enfim, uma mãezinha de casa.

Eu quero sustentar a minha feminilidade, quero ser despreocupada e franca, calorosa, divertida e sexy. Eu quero sair da prisão do meu cérebro e romper o meu silêncio.

Franz Xaver Kroetz
Dia vazio

"Esta noite", ele me disse num perceptível tom ameaçador, "eu não só dormi mal, como também não escrevi nada e bebi demais." Ele fez uma pausa.

"E por isso vou continuar dormindo mais uma hora e em paz absoluta!"

"Sim", disse a sua mulher, "sim, querido", pegou o bebê choramingas no colo, deu umas palmadas no traseiro da garota de cinco anos, acordando-a, e disse: "Vamos, hora de levantar!" E lá se foram.

Ele se virou, eram sete e meia, e para ele não havia nenhum motivo para *não* continuar a dormir.

De fato, ele havia se sentado à escrivaninha até muito depois da meia-noite, havia se torturado com algumas frases, havia bebido demais e depois de beber não havia escrito melhor e, quando foi para a cama às duas horas da madrugada, ficou mais uma hora sem conseguir dormir. Assim era o dia-a-dia, isto é, a vida cotidiana, a noite de um poeta.

Horrível, porém normal.

Só os fortes resistem.

Por isso ele imediatamente tornou a dormir, cansado e vencido, mas bem consigo mesmo.

Sua mulher trocou a fralda do bebê, cozinhou o mingau para a de cinco anos, para que fosse mais rápido bebeu o mingau também, deu o peito para o bebê, que o recusou, lutou com o bebê que mordia seu seio e com a de cinco anos, que não estava gostando do mingau, esvaziou a máquina de lavar louça e ligou a de lavar roupas, queria tomar um chuveiro, mas não deu mais tempo porque tinha de levar a de cinco anos pontualmente ao jardim-de-infância e este ficava a seis quilômetros de distância.

Assim era o seu dia-a-dia; portanto, a mesma rotina todas as manhãs. Muito normal, e todas as mulheres agüentam isso. Não se fala sobre isso. Ela também pensaria assim, se lhe perguntassem. Só que teria gostado de tomar um banho. Poderia fazê-lo mais tarde. Ela tinha o dia inteiro para fazer isso.

Depois de entregar a de cinco anos no jardim-da-infância, ela foi fazer compras com o bebê. Precisou dirigir até bastante longe, pois o poeta gostava especialmente dos produtos de uma mercearia que ficava a vinte quilômetros de distância. Depois, como não se tratasse de um grande desvio, ela passou por uma concessionária e se informou sobre o progresso da restauração parcial de um Karmann Guia branco, ano 59, que era o favorito do poeta e que infelizmente ficava mais na oficina do que na rua. Como esses mecânicos conhecem o seu valor, não bastava pagar as contas, respectivamente aprovar orçamentos, era preciso vigiar os gênios mecânicos ao menos uma vez por semana, senão eles perdiam a vontade.

Quando ela saiu da oficina, em que já pela manhã haviam sido bebidas algumas cervejas, ela não tinha mais tanta certeza se realmente havia uma caixa cheia de cerveja em casa.

Quando o poeta tinha uma noite especialmente ruim, ao acordar ele costumava beber um pouco de cerveja para "ficar novamente em pé" e ele podia ficar furioso quando havia pouca cerveja em casa. Ela foi ao mercado de bebidas, comprou uma caixa, não, melhor duas caixas para o poeta, uma de cerveja clara, uma caixa de limonada sem açúcar para as crianças e uma garrafa de Chianti para ela mesma, que estava na promoção a 3,99. Ela tinha de se apressar, pois o bebê agora berrava imperiosamente. Ele queria ser amamentado.

Naturalmente fazer todas essas compras teria sido mais fácil para ela se não tivesse de levar sempre o bebê de onze meses junto, mas o poeta achava intolerável ter uma pessoa estranha na casa; e assim ela renunciou a uma empregada em prol do bem-estar dele.

Quando ela estacionou o seu Fiat Punto ao lado do BMW 525 dele ao chegar em casa, eram 11h30. Naturalmente, além do seu predileto, o poeta tinha outro carro que pegava assim que se inserisse a chave na ignição.

Ela chegou a tempo de atender o telefone. As pessoas telefonavam para o poeta a partir das dez horas, e ela lhes dizia todos os dias que o poeta tivera uma noite difícil e estava prestes a terminar sua obra há muito anunciada e que por isso só estaria acessível à tarde.

Ela achou que ainda não tinha feito nada, estava esgotada e suada, havia fumado cinco cigarros; ela não conseguia se controlar, embora ainda estivesse amamentando, e lamentava não ter tomado banho.

Assim ficou sentada ali, permitindo que o bebê se saciasse, segurando um cigarro aceso à distância do bebê, telefonando.

Em seguida ela trouxe os alimentos do carro para casa, nove sacolas grandes e cinco pequenas. Ela teve uma suspeita que se confirmou; havia esquecido os limões. Esse era um grande azar, pois quando o poeta acordava e não bebia cerveja, o que ela esperava muito, então ele queria chá com limão e mel. Havia mel. Mas nenhum limão.

E sem limão ele não bebia chá, mas com certeza cerveja. E ela não queria ser culpada disso.

Ela precisou sair outra vez para buscar os limões. Tinha limões no supermercado da vila próxima, mas o bebê se recusava a ser preso novamente ao assento do carro. A mãe venceu com certa brutalidade. Ela sentiu muito. O bebê percebeu, e durante a viagem até o supermercado gritou feito louco. Aí ela ficou banhada de suor e lamentou ainda mais não ter tomado um banho de chuveiro.

Quando voltou para casa com um bebê se contorcendo de raiva e um saco de limões, ela mal teve tempo de colocar a comida no fogo antes de, pontualmente às onze e quarenta e cinco, ir buscar a de cinco anos no jardim-da-infância. Por causa da superlotação no momento só havia vagas para "meio período", mas no ano que vem as coisas ficarão melhores.

Como depois de uma noite extenuante o poeta na maioria das vezes também costumava ter um problema estomacal, ela gostaria que ele lhe desse um sinal sobre o que seria do seu agrado: um prato com carne ou, se realmente tivesse bebido demais, comida vegetariana. Naturalmente, fizera compras para todas as eventualidades. A questão era por qual variante ele se decidiria. Silenciosamente, ela deu uma espiada no dormitório, mas não houve nenhum movimento. Ele dormia profundamente. Ela se alegrou com isso, e resolveu cozinhar um pedaço menor de carne com muitos legumes, assim ele teria um pouco de cada coisa.

Como eles morassem numa antiga fazenda e ele gostasse de sentar-se na cozinha ao se levantar, para ouvir o crepitar das achas de lenha, ela teve rapidamente de acender o fogo. Ela foi ao depósito de provisões, partiu as achas de lenha em pedaços que coubessem no fogão com um machado; jogou-os numa grande cesta e os arrastou até o velho fogão na cozinha. Nenhuma camponesa velha lhe poderia ensinar mais nada sobre como acender um fogo. Ele ardia quando, como e onde ela queria, motivo pelo qual ela ainda conseguia fazer um assado e assar um bolo no forno enferrujado.

Ele lhe havia prometido há muito tempo uma restauração do velho fogão, mas ele achava que uma coisa vinha depois da outra. E agora era a vez do Karmann Ghia.

Ele passara dos cinqüenta e ela mal tinha trinta. Quando ele havia escrito ou bebido demais, ele se parecia com o pai dela. Em todo caso, este já tinha setenta anos e se mantinha em boa forma.

Quando não conseguia escrever, às vezes ele não bebia, mas então ele ficava tão deprimido que parecia ser seu avô. Mas quando conseguia escrever sem beber, ou quando achava que o que escrevera dera certo, e isso acontecia no máximo alguns dias por ano, ele parecia seu marido, um pouco mais envelhecido, mas o seu marido.

E às vezes ele vinha, pegava-a pela mão, conduzia-a ao jardim e dizia: "Eu não escrevo mais, vou parar, eu não gosto mais de escrever. Viver, amar e nunca mais sofrer, o que acha disso?"

Então ele parecia um homem extremamente atraente, de idade indeterminada, e eles combinavam perfeitamente um com o outro.

Mas essas fases nunca duravam mais do que uma tarde.

Ela então o amava especialmente, porque ele era um homem totalmente diferente. E quando ainda dormiam juntos, era excepcionalmente lindo. Ele não era muito viril, mas humano, necessitado de ajuda. E ela gostava tanto de ajudar!

Naturalmente, por outro lado ela também ficava contente por essas fases não durarem muito tempo. A vida ficava cada vez mais cara e, afinal, eles viviam do fato de ele sofrer, beber e escrever, como outros vivem porque o pai é motorista de um ônibus de linha ou trabalha numa mina.

Ela lhe dera dois filhos com prazer e a menina de cinco anos mamara até os dois. O menino não teria menos sorte. Depois de ter os dois filhos, a aparência dela era de uma moça muito bonita de vinte e cinco anos. E como no seu aniversário de dezoito anos, ela ainda pesava cinqüenta e seis quilos.

Eles eram simplesmente um casal bonito quando ele estava bem, e eram um bom par quando ele se sentia mal.

Quando o fogo ardeu, o bebê, que ela sentava de vez em quando no penico para ele se acostumar com isso, havia feito cocô, mas caíra com o penico e brincava batendo palmas com o conteúdo.

Ela suspirou profundamente, ergueu o bebê e pensou no marido. Se estivesse bem-humorado ele diria que acontecera um acidente de percurso, mas se estivesse mal diria "você não presta pra nada".

Ela o amava infinitamente quando ele estava bem; quando estava mal só até que a morte os separasse.

Ela lavou o bebê inteiro, limpou o penico e, como estivesse com a mão na massa, lavou todo o chão da cozinha.

Agora ela estava tentada a tomar seu banho, mas tinha de se apressar porque já era quase meio-dia e as professoras do jardim-de-infância odiavam quando as crianças de meio período não eram buscadas pontualmente.

Outra vez ela jogou o bebê lavado, de fraldas limpas, amamentado e muito satisfeito no seu assento, e ele não ofereceu nenhuma resistência desta vez, e correu para o jardim-da-infância. Chegou pontualmente e buscou a de cinco anos, que muito cansada depois da escola, adormeceu no carro, como sempre.

Quando ela chegou em casa carregada com as duas crianças, ELE estava em pé na cozinha e disse: "Tive de avivar o fogo, senão ele teria se apagado."

"Obrigada, querido."

"Também fervi a água para o chá."

"Como você é gentil", ela disse, "também tenho limões."

Ele tomou o bebê das suas mãos para beijá-lo com tanta força que ele começou a chorar; então ele o sentou no chão da cozinha e foi para o banheiro.

Ele permaneceu ali meia hora.

Ela fez o chá e contou com o pior.

Quando ele ficava muito tempo no banheiro, ele olhava bastante no espelho.

Quando olhava muito tempo para o espelho, ele não voltava satisfeito do banheiro. Mas ela se enganou. Ele saiu do banheiro sem mau humor perceptível e realmente bebeu chá com mel e limão. Também concordou com sua sugestão de almoço e ela cozinhou e ficou contente.

Ele acendeu um cigarro e — ela gostava especialmente disso — começou a lhe contar com qual problema da sua nova obra havia lidado durante a noite, e como talvez nessa noite ele o resolveria. Ele também perguntou o que ela achava disso. Ele até mesmo a ouviu... foi simplesmente magnífico.

Nesse ínterim o telefone tocava de vez em quando, mas quando ela o erguia do gancho e ele ouvia o nome de quem estava chamando, ele balançava negativamente com a cabeça e ela precisava usar novamente a desculpa e consolar o ouvinte dizendo para telefonar à tarde. Ela gostava muito quando ele estava presente para ela e o resto do mundo tinha de renunciar a ele.

Ela cozinhou muito bem, pôs uma mesa bonita, acordou a de cinco anos e pegou o bebê no colo. Ele foi servido primeiro e recebeu a melhor parte (isso sempre era assim).

Afinal, ela o amava.

Ele comeu dois, três bocados, e disse: "Está muito gostoso, mas logo depois do chá uma pessoa não pode comer, vê se aprende isso".

"Mas você queria comer, eu também poderia cozinhar mais tarde."

"Então eu me enganei, sinto muito." Ele a atravessou com o olhar e disse para si mesmo: "Talvez dê certo. Tenho de experimentar". Levantou-se e foi para o seu escritório.

É assim, quando se está casada com um poeta. Se ele realmente pudesse escrever, continuar escrevendo agora, batendo com força nas teclas, ela seria a última a impedi-lo de fazer isso.

Ela alimentou a de cinco anos, que também não queria comer porque o pai também não comera, mas precisava, e a mãe obrigou-se a dar primeiro o bom exemplo.

Ela só amaldiçoou a comida quando ouviu a porta do escritório dele se abrir e ele caminhar até o armário com as garrafas de cerveja. Ele caminhou furtivamente porque se envergonhava de beber tão cedo (mesmo que fosse devido à arte poética), mas também tão alto que todos podiam ouvir, pois de quem deveria ter vergonha?

"Essa é toda cerveja que temos?"

"Não, querido. Eu ainda tenho duas caixas no carro."

Ele pegou algo e voltou ao escritório. Ela se levantou do almoço, colocou o pequeno no andador que ele odiava e por isso começou imediatamente a gritar, deu à de cinco anos o conselho de terminar de comer para que crescesse, saiu e foi até o carro e trouxe as caixas para dentro.

Quando ele saiu da vez seguinte do escritório e viu a cerveja, ele gritou: "Obrigado, querida!", e desapareceu com algumas garrafas durante o resto da tarde.

Antigamente ele escrevia numa máquina de escrever manual e ela podia ouvir se ele realmente escrevia ou apenas se atormentava horrivelmente, não conseguia escrever nada e bebia por causa disso. Desde que escrevia num computador portátil, cujas teclas não era mais possível ouvir, foi-lhe tirado isso.

Apesar disso, ela esperava que ele tivesse algumas idéias maravilhosas e também que conseguisse transportá-las para a tela, enquanto ela limpava, enchia e esvaziava algumas máquinas de lavar roupa, pendurava as roupas para secar, passava a roupa seca e as guardava no armário. Nesse meio tempo levou a de cinco anos para um aniversário e foi buscá-la outra vez e às dezessete horas levou o bebê para a vacinação.

Ao chegar outra vez em casa, ainda não havia sinal de vida da parte dele. Ela esperava que estivesse dando um cochilo.

Ela resolveu mais alguns telefonemas para ele com outra desculpa e recebeu um telefonema de uma velha conhecida, que a encheu durante meia hora falando sobre a sua sorte de ter conquistado um homem como o poeta e que ela faria sabe Deus o quê, se pudesse passar para tomar um café com eles.

Para essa velha conhecida ela disse que o poeta estava momentaneamente numa fase difícil, escrevendo dia e noite na sua nova peça e que estava inacessível para conversas.

"Mas que encanto", disse a conhecida, "como você tem sorte!"

Quando o poeta saiu do seu escritório um pouco antes das dezoito horas ela se alegrou, pois agora sabia que ele não havia tido um enfarte nem se enforcara na trave da janela.

Ele estava vivo e parecia muito abalado, pálido e enrugado.

Ele olhou para os filhos como olhamos para moscas e disse: "Leve-os para a cama, será que você não serve mais pra nada?"

"Querido, são apenas seis horas da tarde."

"Pois bem, meu Deus, que dia de merda, nem mesmo o tempo passa."

"Você já conseguiu escrever?"

"Um pouco."

"Ao menos você conseguiu dormir um pouco?"

"Um pouco também."

"Ai, meu pobre querido", ela disse e o beijou na testa.

Ele se sentou à mesa, pediu uma cerveja à sua mulher, ela a trouxe, ele a bebeu, acendeu um cigarro e observou a de cinco anos que brincava sozinha com o jogo "cara, não se aborreça".

"Quer jogar comigo?", ela perguntou.

"Não, eu preciso pensar", ele disse. A menina riu.

Ele pegou o bebê e o beijou até ele chorar outra vez, colocou-o de volta e disse: "Ah, se eu não tivesse me tornado escritor, mas um veterinário! Quem telefonou?"

Sua mulher lhe disse exatamente quem havia telefonado e com que desculpa fora consolado. O poeta assentiu, então fez uma piada: "Ninguém telefonou e disse que eu ganhei o prêmio Nobel?"

"Isso ainda vem, querido", disse a sua mulher. "Com certeza isso ainda vem." Ela o beijou no rosto.

"Será que devo ir passear um pouco?"

"Sim, querido, faça isso; o ar fresco lhe fará bem. Enquanto isso eu cozinho e levo as crianças para a cama. Você quer algo especial?"

"Esquente o que sobrou do almoço, não podemos jogar fora."

"Nós comemos tudo", mentiu sua mulher, pois ela não queria que por causa dessa comida ele perdesse o bom humor. "O que quer que eu faça para você?"

"Alguma coisa leve, simples. Uma lasanha!"

Ela engoliu em seco, pensou rapidamente e disse: "Bem, querido, eu tenho tudo em casa, só é preciso fazer fogo outra vez".

"Você sabe fazer isso", disse ele, "melhor do que eu!"

Então ele foi passear. Ela acendeu o fogo outra vez, preparou a lasanha, fez um picadinho para a de cinco anos, deu o peito ao bebê, deu um banho nas duas crianças, escovou os dentes da menina e ficou contente porque o bebê ultrapassou a vacina sem reações e levou as crianças para a cama. Ainda leu algo para elas: "O califa cegonha", história muito longa e bonita.

Quando as crianças dormiram, ele voltou. A lasanha assava no forno enferrujado e parecia estar ficando boa. Ela se alegrou com a noite com ele.

"Devo abrir o vinho tinto?", ela perguntou. "Cerveja não combina com lasanha."

"Se eu conseguir engolir", disse ele, "você nem imagina o que já bebi hoje."

Ela acenou, mas sabia. Ela sempre olhava outra vez para o armário com as caixas de cerveja. Ele havia bebido nove cervejas. Ele podia beber mais, mas também menos.

Ela abriu o vinho tinto. Ela estava com vontade de tomar um gole.

Ele também bebeu e quando ela colocou a lasanha sobre a mesa, ele estava com muita fome e a comeu quase inteira sozinho.

Ela ficou feliz. Era muito bom estar casada com um grande poeta. Depois do jantar ambos fumaram um cigarro. Ele contou outra vez o que queria escrever e não conseguia há uma semana. Ela ouviu outra vez de boa vontade, novamente ele permitiu que ela fizesse perguntas e as respondeu. Novamente ele a ouviu.

Foi celestial.

Então ele disse: "Agora vou assistir um pouco de televisão, preciso tirar a droga de cena da cabeça e começar de novo!"

Ele foi para a sala de estar.

Ela arrumou a cozinha, a máquina de lavar louças, foi ver as crianças que dormiam, telefonou para a mãe que também era muito famosa e havia dito numa entrevista: "Se houvesse dois poetas, eu me casaria com o segundo" — e no telefone lhe disse outra vez:

"Você tem o mais magnífico homem do mundo, mostre-se digna dele!"

Ela queria fazer isso, realmente queria.

Quando terminou de arrumar a cozinha, ela sentou-se junto dele para ver televisão, massageando primeiro as mãos dele; depois de escrever elas sempre ficavam muito tensas, depois os seus pés, e pensou: "Eu tenho um homem bom. Outros não estão em casa agora, e se deixam massagear os pés, eles estão em algum lugar com outras mulheres, cavalos ou carros ou outras coisas. O meu está aqui e se deixa massagear".

Como além da cerveja ele houvesse tomado a maior parte do vinho, adormeceu diante da televisão. Ela o despertou, pois também estava cansada. E na cama era muito mais confortável.

Ela escovou rapidamente os dentes, embora tivesse muitos; ele escovou os dele longamente, embora tivesse menos. Ela deitou-se na cama e esperou por ele. Quando ele veio, ela já perdera o entusiasmo, mas não deixou que ele percebesse.

Ele se deixou cair ao lado dela e suspirou.

Eles apagaram a luz para que as crianças que dormiam ao lado não acordassem. Ele fixou os olhos no teto, se mexeu para cá e para lá, acariciou-a um pouco, suspirou e precisou ir urinar outra vez, deitou-se novamente e a puxou para perto dele.

"Meu Deus", ele disse finalmente, "mas que dia vazio foi hoje outra vez, você não acha?"

"Sim, querido", ela disse de boca cheia, pois depois de um dia muito estressante, ele relaxava melhor se ela praticasse sexo oral com ele.

Marie Theres Kroetz-Relin

Solidão junto ao fogão

Foi um corte. Com uma faca afiada. No peito direito.

Eu estava sentada na nossa pequena aldeia, numa festa. Todos riam, dançavam e balançavam seus corpos no ritmo da salsa. As crianças se agitavam, os velhos bebiam vinho e o céu estrelado espanhol deixava tudo brilhar numa luz especialmente suave.

O suor me cobria a testa.

Era 19 de julho de 2002.

Dias antes eu havia escrito no meu diário: "Pontadas estranhas no peito. Náusea, tontura. Eu me sinto doente e mal. As crianças são boas e corajosas. Se eu apenas soubesse o que eu tenho. Só sei de uma coisa; logo não suportarei mais".

Há dois meses eu era uma mãe que educava os filhos sozinha, visto que o meu marido encenava na Alemanha. As solicitações do dia-a-dia, a constante disciplina e a solidão junto ao fogão simplesmente se tornaram demasiadas. O parceiro me faltava, me faltava uma mudança de cenário, algo a segurar. Eu ainda não tinha nenhuma válvula de escape para as explosões que ocorriam em mim. Mas as explosões aconteciam: meu corpo assumiu esse papel.

Eu avisei a minha filha de que já iria para casa, visto que não estava me sentindo muito bem. Como sempre, com um sorriso maternal.

Eu me arrasto cansativamente até nossa casinha, com gotas de suor na testa. Meu coração estava disparado. Fiquei parada por um momento, e olhei para o mar, as estrelas, a lua. Deitei-me na cama e adormeci. Acordei quando os meus filhos voltaram para casa. Outra vez uma pontada dessas. E mais uma, e mais uma. Doía demais. Eu tentei acalmar a dor no peito respirando cuidadosamente. Mas cada respiração ocasionava dores infernais. Então fiquei bem calma.

Eu não podia me mexer nem falar. Eu não tinha medo. Meu cérebro me obrigava a pensar com clareza. Certamente sempre é assim quando se está numa situação de risco de vida.

Esse estado durou cerca de cinco minutos. Eternos cinco minutos. Eu me levantei em câmera lenta, fui até a cozinha e disse à minha filha maior: "Sinto uma pontada no peito... se acontecer de novo, por favor chame o médico de emergência". Então me arrastei de volta para a cama. Minha filha ficou totalmente transtornada, não conhecia a mãe desse jeito.

No dia seguinte eu estava um pouco melhor. Eu estava totalmente sem forças e só pesava ainda 49 quilos. Deitada na cama, folheava meus livros de medicina. Eu sempre tendera para a homeopatia e estivera interessada pela medicina. Procurei pela dor no peito direito. A dor no peito esquerdo eu já havia entendido, ela se parecia com um enfarte. Mas do lado direito? Pensei ter achado: devia se relacionar com os pulmões.

Uma amiga me obrigou a consultar um médico em virtude do meu autodiagnóstico. Essa idéia nunca me ocorreria, pois quando uma mãe vai ao médico? Além disso, eu estava fraca demais. O médico constatou uma pneumonia e me receitou um tratamento com antibióticos. "Uma pneumonia, assim, sem febre nenhuma?", ruminava o meu cérebro médico. "Mas o pulmão tem uma mancha redonda, à direita... hum, deve estar certo". Prescreveram-me 14 dias de descanso na cama, o vôo para a Alemanha foi adiado. Mas como isso seria possível? Os meus filhos, o trabalho doméstico, quem fará tudo isso?

Meu marido estava preocupado, mas ele não podia vir, pois estava perto da *première*.

Eu tive sorte; surgiu uma rede de vizinhas e amigas, que alternadamente cozinhavam para mim e as crianças, mantinham a organização doméstica em dia e cuidavam de tudo. Senti pela primeira vez como pode ser comovente quando as mulheres se apóiam.

Depois de quatorze dias eu me sentia basicamente melhor, mas a mancha no pulmão não desaparecia. Prescreveram-me antibióticos ainda mais fortes. Eu queria ir para casa, para a Baviera, para junto do meu marido. O médico consentiu na viagem, o idiota.

No dia 5 de julho finalmente voamos para a Alemanha. Eu esperava ter superado tudo, mas depois da viagem cansativa com três filhos e dois cães me sentia outra vez muito mal. Mas eu disfarcei e não disse nada ao meu marido.

Eu até quis ir ao teatro para assistir à sua peça, uma vez que já havia perdido a estréia.

E eu fui.

À noite tive outra vez essa taquicardia. Fiquei com medo. Acordei o meu marido. Mas de algum modo não consegui me fazer entender. Ele achou que eu devia me deitar outra vez. Fiquei histérica, as lágrimas me corriam pelo rosto e eu gritei: "Eu não agüento mais! Eu tenho alguma coisa e não sei o quê! Mas não tenho mais a força de procurar um médico!"

Esse pedido de socorro ele levou a sério e no dia seguinte fomos consultar o prof. Dr. Gärtner, um especialista na glândula tireóide. Há oito anos eu sofria de hipertireoidismo e tinha um adenoma autônomo, um tumor glandular, um assim chamado nódulo quente. Mas até o momento eu convivia muito bem com ele. O professor me examinou, o regulamento me aceitou. Eu havia sofrido uma embolia pulmonar por causa da insensata terapia com antibióticos numa supra-região do corpo e meus nódulos quentes faziam o resto.

"Temos de fazer uma tomografia do pulmão", disse o dr. Gärtner, "mas por causa do seu hipertireoidismo não podemos lhe dar nenhum contraste. Por isso precisamos primeiro tratar do seu nódulo inflamado."

Lágrimas me vieram aos olhos.

"Uma radioterapia como essa não é ruim", tranqüilizou-me o médico. Você toma uma cápsula radioativa, não tem nenhum efeito colateral e, adicionalmente, terá quatro dias de férias da família."

Eu, radioativamente contaminada? Não, eu não queria isso, eu tinha medo.

"Veja, você é como um carro que sempre faz corridas. O motor, portanto a sua glândula tireóide, nós podemos trocar em alguns anos, mas os desgastes eu não posso consertar mais."

Concordei com isso, mesmo a contragosto. Olhei para meu marido e disse decidida: "Se tenho de passar quatro dias em isolamento radioativo, compre um *laptop* para mim!"

A questão do porquê uma dona de casa precisava de um computador não foi feita nessa ocasião, mesmo que eu não soubesse o que faria com ele.

"Bom dia", eu disse ao entrar na loja de computadores recentemente inaugurada na nossa aldeia da Baviera. "Preciso de um *laptop* seguro para idiotas."

"Um Mac também é algo para mulheres", respondeu a sensível atendente. "O que me diz de um *i-book*?"

Aqui eu estava no lugar certo. A compra foi feita rapidamente. Dois dias mais tarde eu tinha o meu *laptop* e uma aula com a professora de computação Anja Quattlender.

Nós duas não intuímos que esse dia mudaria totalmente a nossa vida.

Em 19 de julho de 2002 eu fui para o isolamento. Por trás de grossas portas de segurança com a placa de "perigo de radioatividade" estava o meu quarto. Fui instruída: onde se encontrava tudo, como se mede a pressão arterial, por quanto tempo devia ficar deitada sob o contador Geiger e que com a ajuda de uma moeda só podia tomar uma ducha de três minutos e que só poderia pegar minha comida depois de uma espera de cinco minutos. Tudo por causa da radiação. Saúde, refeição! Então vieram os médicos, me explicaram o que ia acontecer, colocaram-se atrás de placas de chumbo, de modo que só a cabeça aparecia por cima, o que se parecia com um teatro de fantoches, pressionaram uma cápsula na mão, com um copo de água e eu tinha de engolir.

"Como eu me excitei com Chernobyl naquela ocasião", pensei; abri a boca, engoli a coisa e esperei pelo efeito. Os senhores doutores se despediram e a partir desse momento fiquei totalmente sozinha durante quatro dias, no mais real sentido do termo. Não vi nem mesmo uma enfermeira. Finalmente eu irradiava.

Que bom que eu tinha o meu pequeno computador. Com ele ficava ocupada — e a caminho de ser uma mulher "moderna". Uma mulher sadia.

Portanto, voltei "radiante" para casa. Quer dizer, o nódulo se desfez, o pulmão apresentava melhoras e meu cérebro de dona de casa tinha lidado intensivamente com a tecnologia.

Mas obviamente restaram algumas perguntas.

Assim procurei novamente Anja Q. Como sempre, tagarelei animada com a mulher tranqüila. E, em algum momento da minha torrente de palavras, foi mencionada a palavra revolução das donas de casa.

"Esse é um bom nome para uma *homepage*", Anja me interrompeu. "Você deve reservá-lo."

"Não posso fazer isso", eu disse hesitando.

"Mas eu posso!"

"Isso sai caro?"

"Três euros por mês."

"Então faça", eu disse malcriadamente.

Se alguém me dissesse que Anja seria minha parceira e melhor amiga e que nós daríamos vida à revolução das donas de casa, eu diria que essa pessoa estava louca.

Mas não existem acasos. As coisas acontecem.

Faltava-nos apenas uma coisa: a coragem de sermos criativas.

Erich Fromm
A coragem da criatividade

O ser humano é constantemente
jogado de um lado para outro,
entre o desejo de voltar ao ventre materno
e o desejo de nascer perfeito.

Todo parto exige coragem
de largar alguma coisa, de renunciar ao ventre materno,
de abandonar seu peito e seu colo
e largar as mãos da mãe, para, finalmente,
renunciar a toda a segurança e confiar somente numa coisa:

Na própria força,
de conhecer realmente as coisas
e de reagir a elas,
isto é, à própria criatividade.

Ser criativo significa ver todo o processo
da vida como um parto
e não considerar nenhuma etapa da vida como definitiva.
A maioria das pessoas morre
antes de ter nascido totalmente.
Criatividade significa ser dado à luz
antes de morrer.

Potencial criativo da dona de casa

Marie Theres Kroetz-Relin

Preocupação com as donas de casa

"Franzl, quando eu vier outra vez ao mundo, eu aprenderei uma profissão!"
Maria Kroetz, dona de casa e mãe de Franz Xaver Kroetz,
pouco antes da sua morte com a idade de 80 anos.

Tenerife, final de outubro de 2002

Meu computador me fez uma oferta inesperada através da Internet. Depois de doze anos sendo somente dona de casa, ofereceram-me um papel num filme criminal — filmagens em Palma de Maiorca.

Portanto, meu marido assumiu o emprego de dona de casa e eu tive férias de dez dias num *set* de filmagem, vendo a paisagem. E foram realmente férias para mim. Eu não me esquecera de como ser artista. Não senti *stress* pela mudança, ao contrário. Como era agradável essa vida de artista: eu morava num belo hotel, podia tomar o café da manhã com toda a calma e finalmente vinham me buscar e levar para o *set* de filmagem, com motorista, é claro. Com um carro barato de aluguel e o mapa da cidade amassado no colo, procurava um estacionamento no *set*. Continuava sonolenta usando a máscara e, até eu acordar finalmente, já havia acontecido um milagre: e eu me perguntava quem seria aquela senhora atraente que se refletia no espelho — isso nunca acontece comigo no meu dia-a-dia. A minha autoconsciência já me levou até o armário e eu ainda fui vestida.

Finalizando o processo houve uma grande espera, até que finalmente todas as lâmpadas fossem ligadas e iluminassem no ângulo correto, e eu pudesse me "apresentar" — certo, esperar irrita uma porca selvagem, mas como dona de casa isso me pareceu muito familiar. Em compensação, houve o segundo café da manhã, alguns diretores cuidaram carinhosamente do meu bem-estar e me trouxeram café — uma verdadeira raridade! Assim eu estava sentada com estilo e então chegavam os colegas, em seguida o diretor, e todos diziam como eu parecia linda — e não devo ficar vaidosa com isso! Mal eu dizia estar com dor de cabeça, logo colocavam uma aspirina em cima da mesa — algo assim não faz parte do meu dia-a-dia.

E então rodaram a primeira cena, na qual eu devia representar um acesso de choro; grande concentração, todos prestaram respeito à artista dona de casa por suas lágrimas verdadeiras. Ah, se eles soubessem como me fez bem poder chorar sem motivo uma vez.

Entre as cenas eu telefonava para a minha família, ouvia as queixas do meu marido, explicava aos filhos que estava trabalhando, mas que ia lhes mandar um pacote — como fazem as mães que trabalham fora, mandava mil beijos pela linha telefônica e continuava a gozar minhas férias muito bem remuneradas.

Mas no íntimo eu me irritava com a injustiça, que reconhece a representação como trabalho, mas não vê o meu trabalho como dona de casa dessa maneira.

Diário — Palma de Maiorca, 23.10.02

É estranho. O tempo se modifica e corre e anda tão malditamente depressa e tudo o que eu escrevi até agora não existe mais. Não existe realmente nenhuma realidade! Eu me calo sobre a sorte para não gritar! Para que ela não fique com medo e permaneça comigo!

Aconteceu tanta coisa e parece que todo o sofrimento que tive nos últimos tempos se desfaz agora lentamente.

E eu tinha tanto medo da solidão...

Como muitas vezes, tudo aconteceu de outro modo. Eu viverei minha vida de acordo com as minhas idéias. Criatividade pessoal. Eu devo.

Ponha-se a caminho e não olhe para trás...

Aí recebi um e-mail de Anja: www.revolucaodasdonasdecasa.com agora está reservado. Se você tiver um texto eu posso incluí-lo.

E a minha resposta no dia 6 de novembro de 2002 foi a seguinte:

Querida Anja:

Talvez você tenha mexido muito comigo com as suas novidades. Para mim meu www.revolucaodasdonasdecasa.com já era como um *"running gag"*... eu acreditei nele e de algum modo esperava um caminho muito longo... E eu sempre soube, se eu mencionar esse nome, os que riem estarão do meu lado... E como se pratica a crítica de maneira melhor? Quando também podemos rir dela... De bom humor as pessoas suportam muito mais crítica, ou não?

Mas agora ela ferve e se agita no meu íntimo.

Devido às filmagens há muito interesse da mídia pela minha pessoa e em vez de divulgarem "a volta da artista" nas entrevistas, eu esfreguei um escudo com as palavras "mudança da dona de casa" na cara dos jornalistas e escrevi para Anja:

Nesse meio tempo dei três entrevistas e desviei os jornalistas para www.revolucaodasdonasdecasa.com... e sabe o que mais? Deu certo. Sucesso absoluto. Primeiro uma risada, depois uma audição.

Bem lembrado: até aquela data ainda não estávamos *on-line*, isso sem falar que eu não tinha nenhum texto!

Numa dessas entrevistas eu me engajei novamente contando sobre a dona de casa e sobre tudo o que pretendia fazer.

"Quando sai a sua *homepage*?", perguntou a jornalista.

Pergunta contrária: "Quando sai a entrevista?", eu disse brevemente.

"Na semana que vem, quarta-feira, 21 de novembro."

"Então escreva que já estamos *on-line*."

"Mas como funcionará isso? Você não tem nenhum texto. Eu também posso adiar para dezembro...", respondeu-me surpresa a senhora.

"Deixe que eu me preocupe com isso", respondi num retorno soberano, embora intimamente ficasse abalada. "A revolução das donas de casa existirá a partir da próxima semana. Como, ainda não sei, mas me ocorrerá alguma coisa."

Então fiquei visivelmente agitada. Corri para o meu marido: "Você escreve um texto para a minha *homepage*?"

"Não, há quinze anos que eu tenho de ouvir o seu papo de dona de casa na cozinha."

"Mas essa *homepage* vai ser totalmente diferente! Homens falarão sobre mulheres. Mulheres falarão sobre mulheres. Mulheres independentes que criam filhos com e sem marido; para o estômago há a cozinha *light* para homens difíceis; além disso, textos sobre mulher e saúde, mulher e tecnologia, *chat* de donas de casa, comparações. Nosso lema: união e para modificar nosso objetivo: haverá greve das donas de casa..."

"Pare, você realmente acredita que isso interessará um porco?"

"A sua maravilhosa *short story* também não interessou nenhum porco. Está na gaveta há dois anos. Contudo, é o único livro que você me dedicou! Em 15 anos, note bem! E essa você pode me dar de presente tranqüilamente..."

"Está certo, é um presente."

"De verdade?"

"De verdade. Só se você for embora imediatamente."

"Já fui. Obrigado!"

Esse foi o começo. Escrevi uma introdução para a história do meu marido e pontualmente no dia 21.11.02 estávamos *on-line*.

Não fiquei muito surpresa quando Anja me contou que já no primeiro dia da abertura tivemos 2.700 entradas. Esse era um sinal. Agora tratava-se de obter bons textos. A todas as pessoas que eu encontrava, independentemente de ser uma amiga, conhecida ou desconhecida, eu solicitava um texto sobre o tema da dona de casa.

E enviei uma corrente de e-mails para descobrir quem tinha carinho pela dona de casa, com um pedido para escrever uma sentença sobre isso.

Eu gosto das donas de casa porque...

- ...eu mesma sou uma delas e sei que responsabilidades carrego para a minha família.
- Porque ela educa os nossos futuros pagadores de impostos.
- Porque ela não percebe quando se torna útil.
- Ela sempre tem algo para comer, quando estamos famintos.
- Não haveria guerras se as mães se recusassem a enviar os seus filhos para a guerra.

Luisa Francia

Nenhuma simpatia pela dona de casa

Querida Marie Theres,

Eu não simpatizo com as donas de casa porque elas sempre dão algo de comer para os filhos, por mais fracassados que eles sejam.

Porque molham o travesseiro de lágrimas quando os filhos morrem na guerra, mas não fazem nada contra a guerra.

Porque continuam alimentando, submissas, o homem que lucra com a guerra, mesmo que ela mate os seus filhos.

Porque, sem refletir, elas participam prontamente do ato insano de intermediar os filhos e o marido.

Porque não as percebemos quando se tornam úteis e porque as percebemos menos ainda quando não são mais úteis.

Porque se deixam explorar sem reagir.

Porque mantêm o sistema, em vez de encalhá-lo.

Pois bem, eu não critico nenhuma dona de casa, mas já sei por que não me tornei uma delas. Agora também não posso sustentar a dona de casa com seus remendos no país doente.

A família é a menor união terrorista, disse Pasolini certa vez. As informações existem, todos podem buscá-las, eu apóio isso.

Luisa

Sibylle Dawson

Sobre o valor, a utilidade básica e a imagem da dona de casa. Uma investigação

Criação de uma nova plataforma de identificação.
Hamburgo, 12 de dezembro de 2002
Contratante: A revolução das donas de casa

Autor: OPABDP (olhar para a boca do povo), instituto para pesquisa de mercado usada em Hamburgo, Londres, Paris, Mailand, Oslo, Nova York, San Francisco, Tóquio, Shangai, Hongkong, Sydney, Melbourne, Kapstadt, Buenos Aires, Tel Aviv

Segundo plano: Veja correspondência por e-mail do dia 12.12.2002

Determinação do objetivo: Transmissão de possíveis potenciais de desenvolvimento para a ampliação da imagem, respectivamente da reposição da dona de casa alemã

Desenho do texto: Número de pesquisados (n) = 6000, 2000 usuários e 4000 não usuários. 80:20 homens/mulheres. Idade: 18 a 65 anos. Origem: todas as classes, 50;50 da cidade/do campo

Afirmações centrais (*key findings*)
"Eu simpatizo com as donas de casa porque o amor passa pelo estômago."
D. M., anoréxica

"Eu simpatizo com as donas de casa porque os maridos estão no trabalho quando eu chego."
Sr. A., carteiro

"Eu simpatizo com as donas de casa porque gosto da comida feita para o dono de casa."
Sr. I., transexual

"Eu simpatizo com as donas de casa porque sou uma mulher que não tem uma casa."
D. D., sem-teto

"Eu simpatizo com as donas de casa porque elas são baratas."
Sr. N., chefe de pessoal

"Eu simpatizo com as donas de casa porque quanto mais as mulheres ficarem em casa, tanto menos desempregados haverá."
Sr. C., Ministro da economia e do trabalho

"Eu simpatizo com as donas de casa porque elas lavam as minhas muitas camisas."
Sr. SCH, secretário administrativo

Resumo: as donas de casa alemãs parecem colocar os mais elevados valores na cobertura das necessidades básicas dos seres humanos: amor, calor humano, limpeza, comida, preservação da espécie, serviços sexuais, etc.

No caso da satisfação das necessidades humanas mais elevadas (de acordo com "A pirâmide de necessidades de Maslow" em todos os âmbitos acima das necessidades fisiológicas: necessidade de segurança e de inclusão social) a imagem da dona de casa é bastante difusa. As necessidades de valorização e de auto-realização (segundo Maslow, "Pirâmide de necessidades", as duas superiores) não estão ocupadas ou somente fracamente.

Resumo: a utilidade básica e a clássica imagem dos valores estão bem compreendidas, no entanto, as utilidades adicionais e as características progressistas de identidade não são reconhecíveis com clareza. Isso em parte pode resultar da oferta diferenciada e da falta de transparência do mercado. Principalmente, o valor da dona de casa alemã parece ser mínimo, pois estão a serviço sem remuneração (o que não custa nada, não tem valor) e o seu trabalho representa uma receptividade negativa (só tomamos conhecimento quando ele falta).

Recomendação: um reposicionamento das donas de casa alemãs é inviável quanto a alcançar a determinação de metas. Em virtude da complexa situação de partida ele só pode acontecer passo a passo. Queremos sugerir as seguintes etapas.

1. Comunicação clara de todo o espectro de desempenho
2. Enfoque na utilidade adicional
3. Padronização das tarefas
4. Valorização dos assim chamados trabalhos "inferiores"
5. Sucessiva deslocação do conteúdo do trabalho para atividades mais elevadas
6. Desenvolvimento de um novo conceito/nome
7. Pagamento recíproco de todos os trabalhos (quanto mais baixo, mais caro)

Para a primeira implementação nós recomendamos: o comitente da "Revolução das Donas de Casa" estabelece diretrizes e padrões de acordo com ISO 2000. Com essa base é desenvolvido um catálogo de desempenho com uma correspondente lista de preços. As normas ISO com vinculação de preços são registradas na lei básica.

O catálogo é componente de toda a economia doméstica e está ancorado no contrato de locação, respectivamente no livro básico. Através de uma padronização não é necessária uma ligação com pessoas.

A "Revolução das Donas de Casa" permite que os seus membros desenvolvam um novo nome com base nos novos conhecimentos. Que entra em vigor por decisão popular através de uma maioria de dois terços de votos.

Prezada Marie Theres:

Nós agradecemos calorosamente mais uma vez pela sua incumbência e principalmente pela sua confiança. O trabalho no projeto nos divertiu muito e também produziu resultados muito interessantes e surpreendentes para nós.

Pois o que as prostitutas podem e devem fazer, as donas de casa alemãs também podem (pagamento, segurança social, registro em carteira de trabalho, etc.). Nós esperamos ter dado a correspondente contribuição com o nosso estudo.

Onde e com que rubrica a senhora quer publicar isso, depende somente da senhora. Como comitente e presidente da "Revolução das Donas de Casa", naturalmente a senhora está autorizada a acrescentar notas ou complementos ao estudo, na medida em que forem considerados como tal numa publicação.

Com cordiais saudações da bela cidade portuária

Seu instituto OPABDP

P. S.: A conta segue nos próximos dias por remessa especial.

Infelizmente tivemos de ultrapassar os dez por cento legais na nossa apresentação das custas, por isso nos permitimos apresentar-lhe uma conta de 1.750.000 euros.

Definição de dona de casa

Marie Theres Kroetz-Relin
Última estação, dona de casa

> *"Meus senhores, vocês querem que a sua filha leve a mesma vida que a sua mulher vive com vocês?"*
>
> *Helga Braun*

Eu odeio as palavras dona de casa!

Meu Deus, como eu odeio essas palavras...

Por certo o bom Deus também deve ter ouvido isso, pois o que ele fez? Ele me transformou exatamente nisso!

É isso o que acontece quando odiamos de fato alguma coisa: somos obrigados à constante repetição.

Eu nunca poderia pensar que justamente as palavras que eu odeio tanto viriam a se tornar o conceito mais importante da minha vida! É isso, a mulher não deve pensar.

Quantas vezes eu digito essas palavras, isso sem falar nas vezes em que as pronuncio! É realmente um castigo. Ou será uma lavagem cerebral?

Desde que me ocupei conscientemente com essas palavras, a minha consciência se modificou bastante.

Mas agora comecemos do início. O que é uma dona de casa? Vou buscar o dicionário.

"Dona de casa — a mulher que conduz a economia doméstica da família (casamento); também usada para definir a profissão. Apesar do reconhecimento legal da igualdade de valor da atividade doméstica e da atividade profissional externa do marido (Reforma do direito conjugal 1977) e apesar do reconhecimento do significado social popular da atividade da dona de casa, a valorização social antes e depois é visivelmente inferior à atividade profissional paga (veja dono de casa)."

Hum... parece ser um dicionário mais recente. Meyers 2003. Ahá! Buscar em dono de casa.

"Dono de casa — homem que desistiu limitada ou totalmente de sua atividade profissional, a fim de assumir uma grande parte do trabalho doméstico e da educação dos filhos. Como designação no início dos anos 70 — formado analogamente à dona de casa."

Muito interessante. Vamos olhar o que significa economia doméstica:

" –1, Sabedoria das finanças"

Ai, não! A economia doméstica determina a política!

"–2, Sociologia, estatística (economia doméstica privada)"

Ora, aqui só se expressa o interesse social! Só falta que os nossos filhos sejam designados como capital humano... mas isso os queridos políticos já fazem de um modo ou de outro! Sujeira!

Isso me dá uma idéia: eu procuro sob animal doméstico e tenho de constatar que ao animal doméstico, juntamente com o índice literário, são dedicadas vinte e duas linhas e à dona de casa apenas onze!

Ora, em todo caso temos cinco linhas a mais do que o dono de casa. Consolo pequeno.

Continuo a folhear e tropeço em "Plano de economia doméstica — em francês Budget — *Etat*"

Aí está! Se os valiosos políticos tivessem um plano de economia doméstica como as donas de casa, com certeza não haveria tantos buracos negros no caixa da economia!

Hum... mas o que é então um dono de casa?

"Dono de casa — o mais elevado posto da corte germânica. Eram superiores às pessoas da casa e aos domínios e também em parte conduziam as tropas. Na corte francesa ele conseguia tornar hereditário o cargo dos carolíngeos. No séc. VII eles de fato detinham o poder."

Sim, será que também sou um dono de casa?

Busco na Internet e entro com a palavra dona de casa. Que susto! Há milhões de registros: a dona de casa como pessoa desleixada, a dona de casa faz os cãezinhos pular, donas de casa voluptuosas os mimam...

Mas isso não pode ser verdade!

Desesperada, percorro as páginas... muito raramente se vê algum *link* sério sobre a dona de casa. Estou furiosa! Isso é *mobbing* social. Traduzindo, isso quer dizer que eu sou uma mãezinha de família não reconhecida, vestindo uma flanela ou pano de linho cinza ou sou uma relaxada!

Está realmente na hora de definirmos, descrevermos e praticarmos outra vez a palavra dona de casa.

Vamos sair da estação final dona de casa!

Por favor, valiosas — hum — entidades domésticas?

Christian Nürnberger

Se os homens engravidassem

Homens como eu muitas vezes têm devaneios nos quais imaginam o que aconteceria realmente se, da noite para o dia, acontecesse uma revolução biológica e de repente os homens tivessem filhos.

Eu sei. Eu sonhei com isso; o problema da conciliação de família e profissão será resolvido inteiramente num único período de legislatura.

O diretor-presidente grávido da Daimler, ou da BMW, cuidaria dos seus negócios até uma semana antes do parto, daria à luz uma semana depois e seria buscado três dias depois pelo motorista com uma limusine colorida. Enquanto isso a limusine teria sido reconstruída para ser um autêntico carro de bebê com cômoda para troca de fraldas, gaveta para as fraldas, balde para fraldas sujas, cremes, óleo e tudo aquilo de que um bebê costuma precisar.

Na limusine se sentaria a educadora de melhor formação, que receberia o bebê de manhã cedo e que iria junto ao setor da diretoria da Daimler ou BMW. Ali o diretor-presidente, na metade do tempo restante, passaria os olhos na primeira conferência da manhã, depois se recolheria para um aposento com alguns outros membros da diretoria que também haviam dado à luz recentemente para ali amamentarem seus filhos. Ali, na intimidade do grupo dando de mamar, seriam tomadas as decisões essenciais de escolha de pessoal. A preferência seria para homens com filhos.

O clima da empresa melhoraria bastante, pois os homens com filhos não teriam mais tanto tempo para se reunir à noite e tomar vinho tinto, nem para fazer intrigas. As crianças presentes na firma suavizariam o ânimo dos homens e talvez também permitissem que eles vissem muitas conferências, reuniões diárias e simpósios supérfluos como o que realmente são: reuniões, cujo principal e secreto objetivo consiste em impressionar uns aos outros.

Alguns meses depois, o bebê iria para um grupo de engatinhar da empresa. Depois de três anos ele iria para o jardim-de-infância da empresa, de onde as crianças poderiam visitar regularmente suas mamães e papais em seu lugar de trabalho. Nesses jardins-de-infância ele cresceria bilíngüe e as crianças estrangeiras aprenderiam automaticamente a língua alemã. O empreendimento cuidaria para que houvesse pessoal qualificado suficiente para cuidar das crianças, e para que estas recebessem tudo o que é necessário para uma ótima formação infantil; mas também garantiria uma volta segura ao seu lugar de trabalho para os pais que decidissem tirar uma licença nos três primeiros anos de vida do seu filho. A empresa manteria um contato estreito com esses trabalhadores e no terceiro ano os prepararia com cursos de formação para que a volta ao trabalho não causasse nenhum problema.

Naturalmente, a coisa também seria estranhamente aceita como conceito. Ninguém mais falaria em "Só dona de casa" ou "Dono de casa e pai", quando cada um se concentrasse nas tarefas exigentes da organização doméstica e da educação. Talvez eles fossem chamados de "nós AG" ou como "Agência do futuro". Pessoalmente, eu usaria o conceito "Civil" para mim e a minha atividade, pois é exatamente isso que eu faço; serviço civil, serviço para a civilização. Essa palavra pode dar aos políticos idéias muito gloriosas. Enviar civis a todas as casas para que estes limpem, cozinhem, lavem, passem e às vezes também assem um cheiroso bolo de ameixas.

Nas culturas empreendedoras ambiciosas, as várias exigências feitas à mulher e à dona de casa seriam divididas por várias cabeças, e para isso se imaginariam designações repletas de fantasia. No Berteslmann, um dono de casa provavelmente seria definido como "Coordenador executivo de sinergias familiares" e a mãe, que desenvolve um orgulho extraordinário por uma cozinha criativa, seria algo como "chefe oficial criativa". Provavelmente haveria cursos de economia doméstica que se chamariam "*Family Management and Controlling*" e aos quais também seriam enviados os solteiros. Quando elas formassem uma família, elas tirariam proveito deles durante toda a vida. E os seus filhos também.

Na empresa haveria festas de crianças, festas esportivas, festivais de verão, haveria educadores, professores e psicólogos criteriosamente escolhidos, que acompanhariam as crianças em férias de aventuras, que cuidariam das crianças especiais, das crianças com dificuldades de aprendizado, das superdotadas e das crianças com algum problema de comportamento. Depois dos seis anos, uma parte das crianças passaria a uma escola em período integral, uma segunda parte iria freqüentar o período parcial e passaria as tardes novamente perto do local de trabalho dos pais, numa escola parcial e com acompanhamento para fazer as tarefas de casa.

O diretor-presidente cuidaria para que os pais de família tivessem suficiente tempo livre para suas famílias, faria o menor número de transferências possível e cuidaria para que os pais não tivessem nenhuma desvantagem devido à sua restrita mobilidade e flexibilidade.

Os políticos cuidariam para que as famílias não mais precisassem se espremer em gaiolas de coelhos, mas tivessem moradias espaçosas por preços acessíveis; os prefeitos construiriam nas cidades locais apropriados para crianças onde se poderia andar a pé; dos supermercados desapareceriam as mercadorias inúteis, a televisão só exibiria programas pedagogicamente valiosos, sem propaganda. Os cinemas, teatros, restaurantes, lojas cuidariam das crianças enquanto se comesse ou fizesse as compras, e em toda a Europa seria proibido aos empreendimentos turísticos e aos hotéis, cobrar as mais altas tarifas justamente durante o período das férias.

Realmente é uma pena que os homens não possam engravidar.

Gudrun Schilken

Sim, as donas de casa... têm uma vida boa

Hoje novamente um *stress* danado. Ela não é das que levantam cedo, mas tem de levantar cedo todos os dias. É preciso aprender a nadar com o mais novo. Pela manhã, às oito horas eles já têm de estar na piscina. É tão frio de manhã. Durante uma hora eles se exercitam na água. Ela não perde o bom humor, tão cedo pela manhã ela ainda não tem humor. Enquanto arqueja em seu percurso, ela pensa no que cozinhar para o almoço. Logo ela ainda terá de fazer compras. Nossa, a criança engoliu um bocado de água! Ela a consola e incentiva, como é possível. A noite foi curta. Dores nas costas — doença de mãe. Nadar faz bem. Portanto, continuar. Uma xícara de café agora iria bem! Infelizmente, não, a criança quer continuar. Movimento de braços, movimento de pernas... nadar bonito como um sapo. Sim, assim vai. Ótimo. Continuar nadando.

Meu Deus do céu, as outras crianças voltam às onze horas da escola. Ela quase se esqueceu.

Portanto, encerrar o curso de natação. Tomar um chuveiro rápido. Água tão agradavelmente quente. Agora isso faz bem. Sim, logo estaremos prontos. Os próximos querem tomar banho. Que pena. Mas eles têm de se apressar. Ensaboar o pequeno, lavar o sabonete. Lavar o cabelo. A criança grita como se estivesse no espeto. Enxuto. Pronto. Não. Fazer xixi. "Está bem, você vai fazer xixi, eu já vou até o armário pegar as nossas coisas." Onde está a criança? Será que ela fez cocô? Ela vai olhar. A porta está fechada. A criança trancou a porta. "Mamãe, eu não consigo mais abrir a porta." Mamãe está com frio. Ela está molhada, ainda não se secou e na piscina sempre há correntes de ar. "Sim, mas por que você trancou a porta?" "Mamãe, os meus dedos estão escorregando e eu não consigo girar o trinco." "Enxugue as mãos. Aí dá certo." A mãe fica olhando para a porta fechada. Nenhuma janela. Nada de porta sob a qual se pudesse rastejar ou que se pudesse pular por cima. A mãe fica arrepiada. Além disso, está furiosa. Ela já não disse um milhão de vezes... "Agora as mãos não estão mais escorregadias. Espere um pouco, acho que já consigo abrir a porta..." Claque. A porta se abre e o doce pequeno, totalmente nu, está sorrindo diante dela. Ele está com frio, ele quer que o vistam e o levem ao jardim-da-infância. A mãe também está com frio. Mas isso não é nada. Ela veste a criança que não pára de falar e continua com frio. Em seguida, ela rola o seu maiô XGG sobre o busto caído passando pelas dobras de gordura e pelas estrias da gravidez até as pernas cabeludas. O pequeno a encara e diz: "Mamãe, você é a mais bonita!" Bem-humorada a mãe seca o cabelo do filho com o secador de cabelo e alegres eles vão embora.

Depressa a mãe passa pela padaria e compra pãezinhos para o café da manhã. Depois da natação ambos celebram especialmente o café da manhã. A criança come os pãezinhos com prazer, a mãe pega alguns bocados enquanto remove o deixado pela descendência pela manhã. Tomar café — agora não. Depois do café o pequeno é levado rapidamente para o jardim-da-infância. Ele está contente porque vai passar a manhã brincando com os amigos. A mãe também está contente, e passar a manhã com as amigas também seria bom. Ela corre para fazer as compras. O que irá cozinhar? Espaguete, sempre espaguete. E alguma coisa saudável? Está bem, espaguete integral. É caro demais e ninguém gosta. Cenouras. É saudável e serão comidas. Chega. Com salsicha branca. Gordurosa demais. Comam as salsichas! E assim a coisa continua. E aqui e lá. E como tudo isso é caro. Vamos ao caixa. O jogo predileto. Tudo o que antes foi trabalhosamente colocado dentro do carrinho, tem de ser colocado na esteira do caixa. Um olhar compreensivo da moça do caixa para a somente dona de casa — e tudo outra vez de volta para o carrinho de compras. Que beleza! E depois correr com o carrinho debaixo da chuva até o carro no estacionamento. Feliz dela que tem um carro. Tirar as compras do carrinho e passá-las para o cesto de compras no carro. Depois colocar o carro de compras no seu lugar no estacionamento. Os cabelos estão molhados de chuva e pendurados ao redor do rosto. Uma capa de chuva lilás protege o corpo roliço. Os pés pensam que estão outra vez na piscina.

Pois bem, bem-disposta e bem-humorada a mãe leva as compras — maldição, como isso pesa, coitadas das costas — para dentro de casa. Ela guarda uma coisa aqui, outra ali. A geladeira está cheia, mas logo se esvaziará outra vez.

A campainha toca. Os dois maiores estão entediados diante da porta. A mãe abre sorrindo amigavelmente. Os garotos frios se arrastam acenando para dentro. A mãe mexe nas panelas. Agora está na hora de buscar o pequeno no jardim-de-infância. O pequeno ainda quer ficar no jardim-de-infância. Mas o período acabou. A criança tem de vir. As tias têm uma pausa para o almoço agora. As sortudas. (Não há mães entre elas.)

A criança pergunta pelo almoço, que ainda não está pronto. Mas a criança quer comer já. A criança tem de esperar. As crianças maiores já espiaram dentro das panelas. Elas não querem comer nada. Um deles ainda tem Nutella grudado na boca.

A criança pequena assiste à televisão até a comida ficar pronta. Quando fica pronta, ele quer continuar assistindo à televisão. A mãe desliga a televisão. A criança berra. A mãe também.

Os garotos espertos queixam-se do barulho e aumentam ainda mais o volume do som. Será que isso ainda vai dar certo?

A mãe grita bem alto em diversas direções. As crianças entenderam. Etapa de alarme vermelho. Paz.

A mãe está esgotada. As crianças ficam calmas. A mãe deita-se por dez minutos no sofá. Isso faz bem. Ela acumula energia. O telefone toca. "Sim, não tem importância." Alguém se enganou. A mãe continua descansando.

Assim que ia fugir da sua vida horrível para o mundo dos sonhos, a campainha da porta toca. O homem dos ovos. Que beleza! Meio adormecida ela se arrasta até a porta. O cabelo, que ainda não havia sido penteado depois da natação, está embaraçado e armado na cabeça. "Ah, a dona de casa! Tirando o cochilo da tarde? Sim, sim, as donas de casa... elas têm uma vida boa! — Quantos ovos vai querer?" Fungando, a dona de casa compra vinte ovos desnecessários. Para melhorar a circulação ela liga a cafeteira elétrica. Beber tranqüilamente uma xícara de café é algo legal. Enquanto a máquina esterto-ra, toca o telefone. A bisavó está entediada e envolve a mãe numa longa conversa telefônica. Isso tem de ser. Pessoas idosas muitas vezes são solitárias e a mãe não quer simplesmente encerrar a conversa. Depois de meia hora a bisavó já havia xingado os políticos e descrito as suas doenças. O café está amargo e com gosto ruim. Além disso, a criança pequena precisa de ajuda para construir um foguete com lego. O filho do meio precisa ser levado para o esporte. O filho maior vai tomar conta do pequeno enquanto o do meio é levado embora pela mãe. A mãe volta. O filho maior recolhe-se ao seu quarto, o pequeno vai brincar lá fora. Que bom. Finalmente, paz. A amiga chega. Ela também tem um tempo livre no momento. Agora bebe café e respira aliviada. Mas a campainha toca. O amigo amável quer pedir emprestado um carrinho de mão. Ele vê as duas mulheres bebendo café. "Sim, sim as mulheres sempre têm tempo para tomar um café..." Ele pega o carrinho rindo, agradecendo e se despede. Depois de 15 minutos, o menor volta chorando da brincadeira e exige ser consolado durante bastante tempo. A outra mãe é chamada de volta pelo celular, também na casa dela há um problema que só ela pode resolver.

Portanto, depois dessa pausa cada uma volta ao seu lugar de trabalho, sem na verdade ter se afastado dele.

À noite o pai trabalhador incansável, esgotado por direito, volta para seu reino, a sua casa. A mãe prepara o jantar para a família. Finalmente ela arruma a cozinha esperançosamente pela última vez neste dia, leva para a cama quem quer ser levado para lá e também quem não quer ir. Então ela tem a noite livre. Prazerosamente ela quer se aninhar no sofá e ocasionalmente até esvaziar sozinha um pacote de salgadinhos, enquanto assiste um belo filme na televisão com o marido. O pai sorri amavelmente e diz: "Vem, tesouro, vamos passear um pouquinho. Assim você sai de casa e faz um pouco de exercício."

Barbara Fabricius-Exner

Café da tarde — conversa entre colegas

Assim como infelizmente na maioria das vezes a expressão "dona de casa" tem uma conotação depreciativa, existe um outro conceito indissoluvelmente depreciado e que igualmente evoca imagens negativas — "o café da tarde".

Em todo caso, tagarelar e mexericar tomando café com bolo é aceitável como ocupação vespertina para velhas senhoras. Mas quando duas (ou mais) donas de casa se encontram para um café, e isso de preferência pela manhã, essa é uma situação que sempre é mencionada em primeiro lugar quando se quer mostrar como a vida das donas de casa é boa!

Naturalmente um café de mexericos como esse também é uma bolsa de novidades, mas é muito mais do que isso, ele preenche uma importante função social. Para reconhecermos isso, temos de comparar a imagem profissional da dona de casa com outras (de fato, é uma profissão, embora isso tenha amplamente caído no esquecimento).

O emprego de uma dona de casa sintoniza-se com muitas atividades continuamente repetidas por longos trechos de caminho. Lavar, passar, limpar, fazer compras, cozinhar — uma circulação que se repete tão natural e continuamente como a respiração. E justamente porque é tão natural, a dona de casa quase não recebe elogios, pois só o que deixou de ser feito chama atenção. Motivar-se sempre outra vez, continuar fazendo, faz parte do desgaste diário de energia. Numa outra profissão, mesmo quando ela é monótona, o salário no mínimo oferece uma certa motivação.

Atividades domésticas relativamente fáceis são as que podemos realizar sem interrupções. Mas como as donas de casa na maioria das vezes trabalham com um esquema apertado de tempo (levar os filhos ao jardim-da-infância até as 9 horas, cozinhar até as 12 horas, buscar os filhos no jardim-da-infância, consultas médicas à tarde, revisão das tarefas escolares de casa, serviços de táxi, etc.), muitas tarefas de organização doméstica têm de ser constantemente interrompidas, o que é muito insatisfatório e rouba muito tempo. Uma dona de casa não tem um dia com 8 horas de trabalho. Raras vezes há um período de tempo claramente reconhecível em que começa o seu tempo livre, a não ser que ela crie tempos livres para si mesma.

Depois da sua jornada de trabalho, toda profissional deixa o seu local de trabalho e vai para casa. Uma dona de casa no máximo vai para um outro aposento. Ela passa sua vida no local de trabalho.

Um dos maiores incômodos é a falta de companhia. Ser uma dona de casa também significa ter de lutar freqüentemente com a solidão. O parceiro, quando ele existe, muitas vezes chega tarde e calado em casa e, a longo prazo, os filhos não são um substituto para uma conversa entre adultos. Assim, há dias em que a dona de casa troca exclusivamente três palavras com a caixa do supermercado.

Ao contrário da maioria predominante das outras profissionais, as donas de casa não têm colegas. Cada uma trabalha sozinha.

Numa atividade com colegas todos os dias há possibilidades de comunicação: discutem-se assuntos profissionais e entre eles também os particulares, e ninguém teria a idéia de rir disso ou designá-lo como desnecessário. No local de trabalho a troca com colegas é indispensável e de vez em quando um assunto particular (durante a pausa do café) é uma necessidade para manter o clima do trabalho.

Para uma dona de casa as conversas não acontecem espontaneamente, ela precisa procurá-las. E ela tem de sair de casa para isso, ou convidar outra pessoa. Quando as donas de casa se reúnem mais ou menos espontaneamente para tomar um café e se divertir, em última análise isso nada mais é do que uma conversa entre colegas. Justamente a educação dos filhos, os cuidados com os membros mais velhos da família ou a necessidade de automotivação diária não só provocam o *stress* físico, mas também psíquico, e muitas vezes fazem as mulheres duvidarem de si mesmas.

Confirmar nas conversas com outras donas de casa que não se é a única que tem de lutar com esses problemas pode ser muito construtivo. No grupo, encontra-se mais facilmente a solução para os problemas do que sozinha: por que, a não ser por isso, em muitas empresas as pessoas se encontram regularmente para reuniões ou para um *brainstorming*? Quando, além disso, muitas vezes se serve café ou outras bebidas, isso ocorre simplesmente porque deixa a atmosfera mais leve...

As donas de casa também não se encontram em primeiro lugar para tomarem café juntas, mas para se entreter, fazer uma troca de informações e manter conversações construtivas. Isso sem nos esquecermos de que nessas oportunidades muitas vezes é mantido o contato social da família para talvez planejar empreendimentos de tempo livre com outras famílias.

Quanto ao que diz respeito aos mexericos e às conversas fiadas, eles existem, exatamente como em todos os escritórios.

Atualmente a palavra "café dos mexericos" não se destina com certeza à conversa e trabalho da dona de casa, pois sugere injustamente: não fazer nada, tomar café, bisbilhotar. Em vez de "Eu estive num café..." deveríamos autoconscientes mencionar o centro de gravidade correto: "Eu estive numa conversa com..."

Para as donas de casa essas conversas não só são úteis e importantes, mas uma necessidade. Elas fazem bem ao mantê-las.

Olaf Leitner

O dono de casa — zangão entre abelhas operárias

Existem ordens hierárquicas conhecidas nas comunidades humanas. Aqui no país, o médico-chefe, o diretor, os programadores hindus, os bombeiros, os corretores da Bolsa de Valores e os artistas populares estão bem no alto, os políticos e jornalistas estão muito mais em estágios inferiores, mas no subterrâneo, onde encontramos os que nada fazem, os intocáveis, os fracassados e os abatidos, ali vegeta a dona de casa. E, se cavarmos incansavelmente cada vez mais fundo, encontraremos uma espécie cujo termo genérico ainda não é muito popular, o do dono de casa. Na maioria das vezes o dono de casa é superqualificado, mas subprivilegiado, e não recebe pagamento.

O dono de casa é só, muito só. Aqueles, em cujo reino ele adentra, se afastam, não reconhecendo nele um ser que possa exigir solidariedade, nenhum plano social o segura nos braços. Aqueles em cujo terreno ele caça clandestinamente, portanto, as donas de casa, vêem-se muito mais diante de um alienígena, que maliciosamente adotou forma humana, mas que devido ao seu comportamento anormal deve ter vindo de outro cosmos. Ou eles se sentem como os habitantes de uma aldeia distante, em que subitamente o rei entra a cavalo e anuncia: "Gente, eu sou um de vocês!" As pessoas lhe diriam algumas gentilezas, aqui ou ali fariam uma mesura ou um rapapé e depois sumiriam. Das pessoas do seu próprio sexo o dono de casa não tem nada a esperar. Elas o contemplam como se ele fosse um velho companheiro de jogo que subitamente saltasse pela aldeia com um saiote cor-de-rosa de balé. Um deles não deve estar muito bom da cabeça! Sobre o dono de casa na aldeia, no mínimo se sabe com certeza: "É preciso sempre perguntar primeiro para a sua mulher!" Para um camarada isso é o auge da humilhação. Um desses em todo caso pode dar uma contribuição voluntária para os bombeiros. Mas isso é tudo.

Quanto ao que se passa no interior da casa, os homens no máximo podem ser como esses exemplares da propaganda da televisão: ali se apresenta um tipo disfarçado de papai e está, que beleza, justamente aquecendo uma sopa de pacote, que, imaginamos nós, deve ter um sabor delicioso, mas não porque o papai a aqueceu, e sim porque se trata de uma criação exclusiva da firma Maggi, composta de vários elementos bioquímicos.

Todos sorriem compreensivos; seja como for, o papai ao menos tentou, ele se esforçou tanto! E isso apesar de todo o *stress* que ele tem no trabalho. Mas vamos voltar rapidamente à vida real: um homem deve fazer matanças, falsificar balanços comerciais e fazer vibrar os foguetes, mas ele não deve carregar a vassoura de neve na mochila em vez do bastão de marechal.

Se formos honestos — em última análise as mulheres não pensam diferente: Rapazes com avental e chinelos de feltro que abaixam a tampa da privada, torcem as fraldas, cheiram a sopa de ervilha e aquecem o mingau, de fato são úteis e aproveitáveis universalmente na técnica da organização da casa, mas no mais são tão pouco eróticos como fantoches ou o Pateta. Ter creme dental no cano das calças não é sexy. O escritor, analista cultural e aforístico vienense Karl Kraus escreveu há exatamente oitenta anos: Ele foi muito descuidado ao remover as pedras do seu caminho antes de cada passo. Ele recebeu um pontapé.

Assim que o homem se definiu como dono de casa, ele aceitou a atividade no fogão doméstico como dada por Deus e a realização da sua vida ele já perdeu. Que ele seja advertido disso. Esse é o motivo por que sempre advertimos: sapateiro, não vá além dos seus chinelos, ou arquiteto, fique com a sua prancheta; pedreiro, fique com a betoneira; funcionário, fique na bilheteria 17. Pelo menos em espírito, enquanto você for dono de casa. Pois nós esperamos que não o seja eternamente.

Marie Theres Kroetz-Relin

Mamãe na propaganda

Pois é, recentemente eu tive um problema estomacal muito grave, então procurei relaxar assistindo à televisão. Mas quanto ao relaxamento: a propaganda nos é lançada no rosto sem intervalos — e logo precisei vomitar outra vez...

Ali sempre se fala da imagem impressa na memória (e reprimida) da dona de casa dos anos 50 e 60; mas observem como as mães atuais são representadas na propaganda. Quase não houve modificações.

Vocês realmente são tão afetadas como as heroínas dos estúdios de cozinha? Vocês também cozinham com tanta classe? Vocês também gostam de repartir barras de cereal e preparar pudins instantâneos de semolina?

Ou vocês também brilham de felicidade quando o mestre Proper limpa o seu chão? (De resto, eu já tentei várias vezes, mas mesmo quando derramo toda a garrafa no chão, não aparece nenhum mestre que faça o trabalho para mim.)

Vejam a propaganda de carros, bebidas alcoólicas, roupas, até mesmo de tampões... de todo lado saltam as gatas elegantes com os homens atraentes, em geral são magníficas mulheres de carreira que fazem tudo com a mão esquerda!

E no filme e na televisão, o mesmo:

Não importa a propaganda a que vocês assistam, as idiotas sempre são as donas de casa.

Você pode mencionar um filme excitante sobre a dona de casa? "Loira e burra" ou a "Mulher poderosa".

Só por isso a revolução das donas de casa valeria a pena: se a imagem denegrida da dona de casa finalmente desaparecesse.

Martin Meggle

Seres domésticos transexuais

O que distingue uma dona de casa de um dono de casa, exceto o sexo?

Nada! O dono de casa e a dona de casa afinal são o mesmo. É mínima a diferença entre o modo masculino e o feminino de descascar as batatas. É mínima a diferença no modo de tirar o pó. É mínima a maneira de queimar o dedo na grelha ou o traseiro.

As diferenças entre a dona de casa e o dono de casa sempre são artísticas. No futuro não se deverá falar em dono ou dona de casa, mas em seres domésticos transexuais.

O objetivo da revolução das donas de casa, portanto, é fazer de todos os donos de casa submissos seres domésticos transexuais. A idéia de um superser doméstico remonta originalmente a Friedrich Nietzsche, que descobriu o superser humano que, já no séc. XIX, sabia como não se deve limpar o pó, descascar as batatas ou queimar o traseiro.

Brigitta Pucher

Meu marido, minha máquina de lavar louças e eu

Eu estava a caminho da Suíça para o batizado da minha sobrinha. Havia optado pelo vôo da tarde para Zurique na quarta-feira — uma ação temerária! Volta programada somente para o último vôo da tarde na segunda-feira. Portanto, tempo suficiente para o papai ir buscar seus filhinhos na escola, comer confortavelmente alguma coisinha com eles, para depois ir até o aeroporto buscar a mamãe.

Como eu disse, tudo magnificamente organizado; e as crianças estavam alegres, porque era raro terem a companhia do pai, um obcecado pelo trabalho.

Portanto, eu estava na Suíça na minha função de madrinha, que eu logicamente também usei como desculpa para sair logo da igreja depois do batismo com as criancinhas e os bebês presentes, para que estes (somente eles?) não tivessem de suportar todo o processo do sermão e do resto. Assim que cheguei na casa do meu irmão, o telefone tocou: “Querida, a nossa máquina de lavar louças quebrou, você tem o número de telefone do técnico, por favor?”

É claro, quando eu vôo para um batizado na Suíça, eu sempre levo comigo os números de telefone de todos os técnicos dos nossos aparelhos eletrônicos. É óbvio! Isso sem contar que era domingo.

"Mas o que eu vou fazer?"

Lavar a louça com as mãos. Muito simples.

Quando voltei para casa na segunda-feira, perguntei ao papai acerca do dodói da máquina de lavar louça: "Só funciona pouco tempo, no máximo dez minutos e apenas com água fria."

"Deixe-me ver, tesouro, me mostre como você a faz funcionar." E depois: "Amorzinho, mesmo que já convivamos com essa máquina de lavar louças há quase dez anos, nós não precisamos do técnico!" O marido havia pressionado o botão da "pré-lavagem". Se ele tivesse olhado, até poderia ter lido. A vida consiste de vários mal-entendidos.

Olaf Leitner

A sentença suicida

Ex-dona de casa:
Querido, você telefonou para a seguradora por causa da...?

Dono de casa:
Não, não cheguei a fazer isso porque...

Ex-dona de casa:
Você chamou o encanador, você sabe que a máquina de lavar roupa...

Dono de casa:
Não, desculpe, mas eu tive de fazer compras, cozinhar algo para amanhã também, aí a Janina pediu para ser levada até a casa da amiga, a apenas 32 quilômetros, mas você sabe, Moritz está doente e eu precisava voltar logo; aí ainda fui detido pelo limpador de chaminés e a sua mãe telefonou e Moritz não encontrou a revista da televisão..., sinto muito.

Ex-dona de casa:
Eu não entendo — no meu tempo eu fazia tudo isso!

Dono de casa:

Desapareceu sem dizer nada na direção do celeiro em busca de um gancho forte e de uma corda mais forte ainda.

Nós teremos uma lembrança honrosa dele.

Richard Rogler
Homens choramingas

Um homem diz: "Eu poderia chorar, mas não faço isso." Pois homem não chora. Quando ele chora, é a mulher que há nele que chora. Chorar é coisa de mulher, e por isso é tão perigosa para o homem. Se ele abrir o precedente uma única vez e mostrar esse seu lado feminino, ele está acabado como homem. Em essência não existe o homem. Todos os homens são mulheres — só que eles não sabem disso. Porque desde sempre reprimem o seu lado feminino. Eles preferem empreender lutas sangrentas, da guerra passando pelo duelo até o ataque em massa. O sangue tem de jorrar, talvez também o suor — mas nada de lágrimas.

Quando os homens choram, no máximo é na coletividade. Isso é possível. E isso logo é tão significativo que é transmitido pela televisão.

Como no último ano — no rebaixamento do 1º FC Nürnberg havia 50 mil homens chorando no estádio da França. Um acontecimento.

Gudrun Schilken
Instantâneo

Hoje estou de mau humor. E daí? É simples assim. Não, não se trata dos dias de TPM. É sem motivo. Estou de mau humor.

Olhe no espelho. Olhe a aparência dela. Mas, essa sou eu! O que vou vestir? Roupa adequada ao mau humor. Eu não suporto a calça. O pulôver arranha. Meias vermelhas. Um pequeno protesto. Contra o quê? Contra tudo.

Hoje o café também está ruim. Ouvir as notícias. Que horror! Desligar. Silêncio. Também é estúpido. Telefonar? De preferência, hoje não. Está bem, fazer compras. Afinal, é preciso. Eu me arrasto para fora. Mas que horror, como o sol está brilhando. O humor está melhor? Talvez um pouquinho só. Mas não quero ficar mais bem-humorada. Todos têm o direito a ficar de mau humor. Eu também.

Homem, como aquele cara está dirigindo? Simplesmente passa na minha frente. A.... aquela é... meu Deus, mas qual é a aparência dela? O que vou cozinhar hoje? — Nada. Não estou com vontade. Pronto, eis aí a consciência pesada: mas agora controle-se.

Mas por quê? Supermercado. Descer do carro. Bati a cabeça. Mer... Mas que dia de mer... hoje.

Homem, como o sol brilha. Na verdade, é bonito.

Pois bem, agora às compras. Não consigo pensar. Do que estamos precisando? Mas o que é isso, de quanta coisa precisamos outra vez. E eu carrego tudo. Eu, o burro de carga. Sempre eu. Sim, hoje estou me derretendo de pena de mim mesma. A consciência pesada: horrível!

No caixa. A funcionária do caixa também não parece feliz. "Bom dia, eu estou cansada e de mau humor." "Eu também." "Ótimo, então vamos fugir juntas." A mulher do caixa ri. Eu também dou risada. Solidariedade no supermercado.

Eu coloco todas as coisas na esteira. Eu coloco todas as coisas no carrinho. Eu ponho todas as compras no carro. Eu tiro tudo do carro. Eu levo tudo para a cozinha. Se os homens tivessem de fazer isso regularmente, há muito tempo eles teriam inventado alguma coisa. Qualquer coisa.

Beber um café e fumar secretamente um cigarro. Na porta, por causa da fumaça malcheirosa. Apagar o cigarro. Mau gosto na boca. Nojento. Pastilha de hortelã. Vai melhorando devagar. Hoje, na hora do almoço, a família vai encontrar uma mãe bem disposta. Serei eu? Será?

Marie Theres Kroetz-Relin

Dia-a-dia espanhol

"Até logo, tesouro, vou rapidamente até a agência de viagens e até o banco pagar o imposto do carro."

10h45. Sair. Local da construção. Espera. Procurar um lugar para estacionar no local. Em vão. Nova tentativa. Finalmente. Para a agência de viagens. Procurar um vôo barato. "Sim, maravilhoso, eu quero." — "É para você?" — "Não, para o marido." Pagamento com cartão de crédito. "O seu cartão está vencido." — "Não é possível!" Espere. Verificar. "Ó, desculpe, me enganei, está tudo em ordem..."

11h45. Continuando. Para o banco. Droga, fila. Entrar na fila. Chega uma mulher jovem com filho. Espera tediosa. Portanto, tagarelar.

"O bebê é um doce. É seu primeiro filho?" — "Ó, meu Deus, sim..." Ela tem somente 17 anos. Teve o menino como 15 e precisa fazer tudo sozinha. Seu marido trabalha. Seus pais vivem separados. Ambos têm trinta e seis anos e vão trabalhar... Ela teve de interromper os estudos, e desde o parto ela não se afasta dele. Pois bem... lhe desejo tudo de bom! Também nesse caso a revolução das donas de casa é necessária. Finalmente é a minha vez. "Quero pagar o imposto do carro e, por favor, a partir do ano que vem faça o desconto na conta..." "Não dá para fazer isso." — "Como assim?" — "A senhora só pode pagar até às 11 horas, está escrito aí. Mas vá até a repartição seguinte, ali a senhora pode pagar até às 13 horas." — "Obrigada." Lá vou eu até a tal repartição. Novamente fila, espera. "Eu quero pagar esta conta aqui e pedir uma cobrança em conta." — "Pois bem, é tanto... Não, não aceitamos cartão de crédito. Só dinheiro." — "Cheque?" — "Sim, aceitamos... Bem. E aqui está o comprovante do pagamento em conta no próximo ano. A senhora tem de levar isso até o banco e mandar carimbar." Para o banco.

12h30. Droga, outra vez uma fila. Nova espera. Finalmente. "Bem, agora preciso do carimbo..." Sorriso. "Pois não, aqui está o carimbo. Agora vá até tal repartição..."

12h55. Droga, a tal repartição só fica aberta mais cinco minutos. Correr. Consegui em cima da hora. "Aqui está, agora leve o carimbo para o banco." Mais sorrisos. "Maravilhoso. Agora imprimo mais um carimbo da repartição. Por favor. E este envelope a senhora leva agora ao banco..." Como? Nenhum sorriso mais. Raiva.

"Ou quer que o façamos para a senhora?" — "Sim, por favor! Muito obrigada." Burocratas. Para cada documento, três cópias. Correr até o carro. Multa? Não, que alívio.

13h20. Pressa. O filho tem de ser buscado pontualmente às 13h30. Estacionamento. Espera. Pensar. O que cozinhar? O principal é que seja rápido.

Espaguete com molho de tomate. Apanhei a criança. Cheguei em casa. Coloquei a panela no fogo.

"Mas como você demorou, tesouro!"

Bolas, outra vez não fiz nada. Só estive no banco e na repartição... Fiquei fora a manhã toda.

Onde será que ficou o tempo?

Susan-Barbara Hofer

Depressão pré-natalina

Minha depressão pré-natalina de uma semana de duração ficou para trás, agora que já comprei a maioria dos presentes e as decisões relativas à organização da festa já foram tomadas. No trem, a caminho do meu final de semana para os estudos de pós-graduação, nem preciso ficar com a consciência pesada por novamente estar passando o meu tempo escrevendo para a *homepage*. E do ponto de vista puramente teórico eu sei que não é necessário tanto alvoroço para fazer os preparativos para a festa. Há alguns anos tento analisar mais criticamente as minhas próprias exigências, entre essas também as que me são feitas sem palavras.

Mas com aconchego e um pouco de sagrado, organizado e festivo e principalmente harmonioso, a festa do Natal será vivida por todos nós.

Agora a minha família de fato se acostumou às minhas atividades fora de casa, que são cada vez mais numerosas. Mas quando a questão são as rosquinhas que ainda não foram assadas, quando se decidiu lucidamente que não é tão ruim se não houver estrelas de Natal penduradas nas janelas, no máximo então minha disposição fica um pouco estranha (neocortex, para cá ou para lá).

Assalta-me essa necessidade tão grande de agradar a todos, naturalmente a mim mesma também, e isso me descontrola mais facilmente do que em qualquer outra ocasião do ano. Mas eu já deveria ter aprendido a delegar tarefas e nem sempre sentir-me responsável por tudo (possivelmente, de consciência pesada). Além disso, Rüdiger (meu marido) pela primeira vez na vida dele assou as rosquinhas. Elas estão excepcionalmente gostosas e suspeito que o preparativo até lhe proporcionou muita diversão.

Se isso contribuiu para o meu ânimo depressivo... eu não sei.

Será que o meu grupo de auto-ajuda poderia me ajudar a controlar a minha consciência pesada em situações de exigências excessivas? Eu não sei.

Qual será o motivo de eu já ter começado um pouco a revolução na medida em que consigo conviver com as minhas profissões como mãe, dona de casa, professora de respiração e voz, encontrando até mesmo um tempo para as amigas, para cantar e dançar e, apesar disso, muitas vezes ter um sentimento subliminar que carrego comigo, de não ser suficiente? Eu não sei.

Não faça coisas demais ao mesmo tempo, me dizem muitos! Como isso em todo caso deve funcionar se o dia tem apenas 24 horas e as coisas estão à espera de serem realizadas? Eu não sei.

Quando desejam uma família com filhos, os homens também têm de decidir se no futuro devem dar preferência à organização doméstica ou à profissão, com ou sem filhos?

Será que até os passatempos serão riscados?

E, quando eles se decidiram por tudo será que têm uma consciência pesada de vez em quando, ao pensar que os cuidados com a família podem sofrer com isso? Eu não sei.

Mas o que menos sei é uma resposta para como eu devo transportar a revolução para o meu subconsciente danificado pelo meu papel sexual. Novamente há uma porção de coisas a fazer... ou será que não?

Então relaxo todos os membros e amanhã cedo vou comprar um pão doce de Natal, embora eu ache o feito em casa muito mais gostoso. E quando de repente eu ficar outra vez de consciência pesada, vou mandá-la para o diabo que a carregue. Esse não perde muito tempo e com certeza aquece bastante. Ah, se fosse assim tão simples!

Mais uma advertência aos apressados demais na época das noites sagradas, também chamadas *Raunächte*. O *Percht* dos Alpes não aprecia que entre o dia 24 de dezembro e 6 de janeiro se limpe, lave e passe demais. Com relativa certeza ocorrerá alguma tolice. Comigo aconteceu no ano passado com a minha secadora de roupas, que deixou de funcionar. Eu somente teria de pendurar a roupa no varal, mas a máquina de lavar também quis ficar mais lenta e em compensação funcionou com meia força...

E não pensem que por morarem bem longe das montanhas vocês teriam mais sorte do que eu!

Nicole Ray

Violação das regras do jogo

Quem for mulher e confessar com toda honestidade que nunca quis ter filhos, torna-se suspeita. Pois recusar uma das tradicionais determinações de papéis na sociedade é suspeito. Eu devia ter 12 ou 13 anos — em todo caso eu ainda não menstruara — de repente fiquei consciente: "Realmente, eu não quero filhos!"

Naquela época eu não tinha nenhum conhecimento das condições sociais. Foi somente uma sensação de que o papel de mãe não seria o certo para mim e que em outros setores eu me daria melhor do que na maternidade. E algo sempre deve ter existido em mim. Pois ainda me lembro de que quando tinha cinco anos eu fugia das brincadeiras de papai e mamãe. Eu simplesmente não conseguia fazer nada com o "jogo". No início da minha puberdade contei a minha decisão de não ter filhos à minha mãe. Naquela ocasião ela não levou a notícia a sério. A seu ver, eram caprichos de uma adolescente.

Desde então muito tempo se passou. Estou casada e feliz, ao menos na maior parte do tempo, mas eu ainda não quero filhos. E meu marido e eu nunca nos arrependemos dessa decisão. Até hoje, no entanto, ainda tenho grandes problemas ao confessar isso com tanta franqueza e a sensação de só poder dizer essa simples verdade a realmente boas amigas e bons amigos. Tanto antes como depois me parece muita ousadia dizer simplesmente: "Eu nunca quis filhos e sou muito feliz por isso!" Por isso fico contente quando ninguém aborda o assunto. O que nem sempre se pode evitar. "Não era para ser", "Infelizmente não aconteceu", ou algo desse tipo são as expressões padronizadas que inventei para resolver a situação desagradável. A maioria das pessoas não insiste nas perguntas por muito tempo. Afinal, pode ser que nós não pudéssemos ter filhos. E eu deixo as pessoas pensarem isso de boa vontade. Pois até hoje não consigo me livrar do sentimento de ter de me justificar pela decisão de não ter filhos, porque a verdade nua pode ser vista como uma provocação pela maioria das pessoas. Pois desde o dia em que tomei consciência de que filhos não são o certo para mim, aprendi bastante. Sobre condições sociais, sobre como a sociedade que gosta tanto de crianças lida com as mulheres que têm filhos, e então as deixa paradas na chuva, mas também como a sociedade reage diante de mulheres, e também de homens, que se "recusam" a tê-los. Dos últimos logo recebi a primeira impressão.

Como aluna de um ginásio católico para meninas vivi a puberdade num ambiente em que o papel da mulher como futura esposa e mãe era intocável. A mulher poderia estudar e se formar, mas o seu primeiro dever mais tarde era desabrochar feliz no seu papel como esposa e mãe. E elas tinham de se preparar em disciplinas como doutrina da nutrição, cozinha e cuidados com o bebê da melhor forma possível. A única alternativa para isso, no máximo, era ir para o convento. Todo o resto seria quase equiparado a uma infração contra a ordem divina. Dizer aí, com toda a seriedade, não querer pôr filhos no mundo seria um sacrilégio. Não era de admirar que minha mãe começasse a se preocupar. "Portanto, do jeito que você é com certeza não conquistará nenhum marido", ela me advertiu. O que naquela ocasião considerei maldade subliminar. As possibilidades de desenvolvimento dela estavam fortemente limitadas pelo casamento e os filhos. E pode até ser que nessa sentença de fato transparecesse uma sutil agressão contra a filha que queria formar sua vida de modo tão diferente. Mas olhando retroativamente, é claro que ela tinha razão. Isso eu logo percebi. Os homens que expressamente não queriam filhos eram a exceção absoluta. E eu parto do princípio de que hoje isso ainda não mudou. Pois decisivamente, para os homens é sempre mais fácil decidir-se pelos filhos. Isso simplesmente é assim. Basta analisarmos alguns números: "Entre as mulheres com curso acadêmico a falta de filho na Alemanha é de 40%", relatou sumariamente a revista austríaca de notícias "Perfil". E, de acordo com um estudo da Universidade Linz, 60% das forças diretoras femininas da Áustria não têm prole, enquanto ao contrário, 97% dos gerentes não vêem sua carreira ameaçada pela paternidade. Os números são contundentes. E eu estou convencida de que de longe todas essas gerentes sem filhos nunca os quiseram, mas em determinado momento tiveram de se decidir entre filhos e carreira. Justamente porque ambas as coisas — do modo como a sociedade está organizada — não dão certo no caso normal. Uma decisão que nunca se pediria para um homem tomar dessa maneira. E que eu, por sorte, nunca tive de tomar porque a decisão de não ter filhos já fora tomada há muito tempo, antes de ficar claro o que eu faria profissionalmente mais tarde. E por isso, do ponto de vista duplo sou privilegiada. Mesmo que não se diga, o fato de não ter filhos realmente leva a um caminho profissional bem-sucedido. Mas também na vida profissional há muitas armadilhas para as mulheres. Por isso eu acho perigoso renunciar aos filhos, que em essência não queremos, em benefício de uma possível carreira. Pois em algum momento pode ficar claro que tudo não valeu a pena. Mas naturalmente é muito mais fácil, se não tivermos de resolver diariamente a divergência entre família e emprego. E esse também é um dos motivos por que ainda tenho inibições tão grandes para confessar abertamente o fato de não ter filhos. Simplesmente, me parece provocação demais. Diante de todos. Contudo, naturalmente há mais um motivo. E esse se relaciona com o fato de que quem decide conscientemente não ter filhos infringe as regras sociais. E essas infrações ainda são castigadas com o desprezo. E de modo nenhum são somente os homens que reagem com estranheza a uma mulher que não obedece a norma social seguindo com a correnteza, mas, infelizmente, muitas mulheres também. Apesar de todas as desvantagens e dificuldades de organizar a vida com filhos, o confronto com uma mulher que nunca quis ter filhos obviamente representa uma ameaça à própria identidade. Ou a minha decisão simplesmente não é compreendida. E nesse caso, prefiro me calar. Mas o que eu desejaria, e justamente também das mulheres, por isso em essência não se diferencia tanto do que a revolução das donas de casa exige: quero ser aceita como sou. As donas de casa em período integral são mãezinhas inferiorizadas, que além dos filhos, da cozinha e do marido nada mais têm na cabeça; eu tampouco sou a mulher emancipada hostil às crianças que só pensa na carreira. A revolução das donas de casa poderia enriquecer bastante todas as mulheres, se tiver sucesso em estimular as mulheres a seguirem seu caminho autoconscientes e autodeterminadas. Mas com isso está associado mais do que somente a modificação da própria posição e a destruição de clichês. Para poder viver autoconsciente e autodeterminadamente, seja como dona de casa em tempo integral ou como a assim chamada mulher de carreira, teríamos de derrubar a sociedade. Sem revolução não será possível.

Ao menos num ponto posso tranqüilizar os guardiões das tradições sociais. Não me tornei mãe, mas sou uma ótima dona de casa. Pois, apesar da sorte de ter um marido como o meu, ainda depende de mim resolver as coisas banais da vida. Organizar a casa, lavar as roupas, fazer compras, pagar as contas, fazer a contabilidade e todas as outras mil ninharias: essa é a minha praia, porque assim que se trata de assuntos domésticos ele é acometido de uma inexplicável paralisia. Meu marido não pediu para eu fazer o trabalho doméstico. "Portanto, por mim você não precisa fazer isso", eu ouço todas as vezes que a preguiça dele na organização doméstica me deixa furiosa. Mas ao contrário dele, eu não posso nem quero viver num caos. E possivelmente a aparente serenidade dele contra uma sempre presente insuficiência na organização doméstica só seja uma estratégia refinada para ele se expressar como macho — para me manter andando? Talvez eu devesse entrar na greve das donas de casa. Quando as roupas sujas se amontoarem, a moradia ficar mergulhada no pó, a geladeira ficar totalmente vazia e o celular dele ficar bloqueado por falta de pagamento — no máximo, nesse momento eu gostaria de saber se ele é realmente um caótico. Ou se o caos talvez tenha um método.

Petra Plaum

A odisséia de uma principiante profissional

"Mamãe, eu vou mudar. Profissionalmente, quero dizer." Minha mãe deveria ser a primeira a saber disso. "Vou ser dona de casa, como você." — "Super!", foi a palavra dita espontaneamente ao telefone. "Exatamente como eu? Então ao se casar peça uma secadora, um microondas e um grande freezer, uma máquina de lavar louça e um vale para comprar congelados. Descubra logo quem passa a sua roupa bem e barato e procure uma ótima faxineira e um jardineiro. E naturalmente, você precisará de uma babá. Querida, quanto ganha mesmo o seu noivo?"

Nossa. Posso eliminar a minha mãe como exemplo. O salário do marido realmente mataria a minha fome e a do bebê, mas isso seria tudo.

Infelizmente, tecnicamente eu não tenho a aptidão da mamãe — não pertenço à classe da superdona de casa. Sou míope desde que nasci, logo aprendi a simplesmente tirar os óculos quando minha casa está suja. Num piscar de olhos, desapareciam os rolinhos de lã e as manchas. Das minhas plantas internas só sobreviveram os cactos e as orquídeas — essas achavam ótimo receber um pouco de água a cada duas semanas. Nunca consegui lustrar as portas e as janelas sem deixar riscos, independentemente de quanto eu as esfregasse. Com o tempo limpei cada vez mais raramente — quem se amola sem a esperança de obter um bom resultado? Minha roupa por passar também não gosta de mim, sob o meu ferro as blusas ficam com as mais feias dobras, de tal modo que em certo momento mudei para roupas de *stretch*. E a comida? Graças aos ravióli e à pizza congelados, até mesmo eu tenho algo quente no prato. Em compensação, os meus pães assados em casa na maioria das vezes ficam tão duros que servem para pavimentar as ruas com eles.

Por sorte exibi mais talento na profissão de padeira e isso foi correspondentemente elogiado. Na maioria das vezes eu ia trabalhar até oito horas da noite e finalmente costumava comer. Quando voltava para casa já estava escuro, não precisava de nenhuma limpeza para dormir e, pela manhã, eu fugia da sujeira no escritório, que até então a faxineira deveria ter limpado. Isso será diferente — terá de ficar diferente. Eu estava apaixonada, eu estava grávida e havia resolvido educar eu mesma o meu bebê. Além disso, ele não deverá ser filho único... "Além disso, vou tirar licença-maternidade, todos os três anos", anunciei no círculo de colegas. Ali nenhuma delas tinha filho, todas ficaram de queixo caído. "Que bom para você!", cantou Lollo. "Estou com tanta inveja de você! Dormir bastante pela manhã, depois brincar com o pequeno, à tarde conversa confortável no café e à noite brincadeiras junto com o orgulhoso papai. Eu também quero ter um bebê. "Deixa disso, Lollo", Nina sorriu de algum modo ironicamente. É totalmente monótono ficar sozinha em casa com um bebê. Nada a fazer além de brincar e organizar um pouco a casa. De uma mulher moderna não se exige isso." "E preste muita atenção para não se desatualizar em questões de trabalho", completou Jan. "Continue regularmente os estudos, substitua a enfermeira nos cuidados aos doentes, e talvez até preste ajuda numa noite ou outra. Você sabe que a concorrência não dorme, e quem quer uma mãezinha meio tola que tecnicamente está por fora das novidades?"

O que eu queria? Em primeiro lugar o conhecimento das donas de casa. E depressa. Eu disquei o número da minha velha amiga Ina. Ela já tinha um filho em idade escolar e, portanto, bastante experiência. Eu acho. Ina imediatamente me convidou e assim, com um presente para a criança e um buquê de flores para ela fui até a casa dela. "Alô, querida!" Ina realmente estava contente de me ver. "Logo nós vamos comer. Se você me ajudar a lavar a louça, nós até teremos louça para isso. Você sabe, Ludger e eu estamos justamente trabalhando em nossas dissertações e então o dinheiro que é pouco não bastou para comprar a máquina de lavar louças..." Na cozinha estava amontoada a louça de no mínimo duas semanas. Os pratos de cima estavam enfeitando uma pequena torre. No caminho até a pia eu quase tropecei num monte indefinível de coisas. "Vitus-Korbinian deixou novamente a sua roupa no corredor. Todos os dias eu tento fazê-lo cooperar, convencê-lo da idéia paternal de ordem, mas ainda não consegui", disse Ina suspirando.

"Onde está o Vitus-Korbinian afinal?", perguntei. "Na aula de eurritmia da tarde. A aura dele já melhorou bastante desde que ele vai lá", contou Ina. Eu olhei para ela — dava para ver as muitas manchas na sua blusa de batik, provavelmente o cabelo dela não era lavado há uns cinco dias e a saia dela tinha um buraco de traça visível do lado esquerdo, portanto, eu podia me esquecer de Ina como exemplo de uma organização doméstica bem-cuidada.

Portanto, perguntar à futura sogra? Respirei profundamente e ousei fazer o telefonema. "Alô, Elsi, eu gostaria que me desse algumas dicas de organização doméstica." "Querida, desculpe, agora realmente não posso falar muito tempo com você. Os tapetes ainda não foram batidos, preciso passar a roupa de cama e colocar o suflê no forno na hora certa. Walter volta para casa às cinco horas da tarde. E... oh, não! Ali em cima estou vendo uma teia de aranha! É melhor eu lhe telefonar de volta quando eu não tiver tanta coisa para fazer, certo, querida?"

Ela não retornou o telefonema, tampouco no dia seguinte nem no subseqüente. É claro, sua organização doméstica para dois é sua vocação, na casa dela nunca há um pouco de pó. E todos os meses a casa recebe uma nova decoração de acordo com a estação. Ao contrário de mim, ela tem boa mão para essas coisas. Bom que o meu futuro marido nunca tenha achado isso importante — caso contrário não teria se apaixonado por mim! Portanto, não precisamos de nenhum perfeccionismo, mas eu preciso de ajuda. Talvez eu deva tentar diretamente na repartição do trabalho? Com o passe de mãe nas mãos, empurrando demonstrativamente a minha barriguinha para a frente, entrei no escritório do conselheiro profissional.

"Como posso ajudá-la?", perguntou o amável funcionário sorridente sentado à escrivaninha.

"Eu quero fazer um curso. Para dona de casa", eu disse diretamente. "Há cursos ou seminários que me deixem rapidamente em forma? Em seis meses preciso ter chegado ao menos na metade."

O funcionário franziu a testa e me observou ceticamente por cima do aro dos seus óculos. "Dona de casa? Dona de casa não é profissão. Isso uma mulher faz com a mão nas costas! Isso, por assim dizer, está nos seus genes."

"Mas, se eu quiser fazê-lo realmente bem? Para isso deve haver alguma formação! Cozinhar com muitas vitaminas, cuidar de bebês, limpar depressa e efetivamente..." A essa altura dos fatos, o funcionário estava rindo.

"Cara senhora, se na sua idade ainda não sabe limpar, não aprenderá mais. Cuidar de lactentes a senhora pode aprender no hospital, duas aulas de duas horas. Caso esteja buscando cursos de cozinha — o programa da escola popular está na sala 413... Quatro horas de cuidados com o bebê e algumas noites de culinária devem bastar para organizar uma casa para três pessoas. Para a contabilização dos cidadãos precisa-se de mais tempo! Bem, nas cadeias de *fast-food* ganha-se dinheiro pelo trabalho. Como dona de casa, no entanto..." Ele riu enviesado e me deu a mão em despedida. Eu me arrastei desanimada para fora e assim que fechei a porta atrás de mim, eu o ouvi comentar ao telefone: "Veio uma daquelas que queria estudar para dona de casa. Claro, para algo assim atualmente se precisa de estudo! Quem sabe até mesmo um estudo universitário, hein?"

Enquanto isso eu sei naturalmente que o conselheiro profissional não estava certo. Dona de casa não é uma profissão, porém dez. Um estudo talvez não fosse uma má introdução — um pouco de pedagogia, muita psicologia, um pouco de economia, conhecimento básico de medicina, aprendizado de nutrição e assim por diante — mas quem estuda cinco anos por algo que não é pago? É presumível que nunca o seja — um salário honesto ninguém teria condições de pagar. Quanto ao modo como a mulher termina todos os afazeres, por sorte há centenas de possibilidades e igualmente tantas professoras. Quem agarra a coisa de olhos abertos e com um amplo coração pode se arranjar também sem talento e com maus olhos. Minha prole, meu marido e eu em todo caso vivemos e estamos com saúde; apesar de que, de vez em quando, eu precise fazer algo direito.

E quando as costas doem enquanto na cabeça se espalha o tédio, está mais do que na hora de empreender a revolução das donas de casa.

Wolfgang Hoehn
Estado da limpeza

O Estado quer nos pegar pelo colarinho. Com razão, nós nos aproveitamos dele, aproveitamos a sua mão protetora, organizadora, regulamentadora com a qual nos conduz em segurança. Às vezes ele aperta um pouco (com força demais, a nosso ver, é claro), às vezes ele nos amarra como um cão que ele leva pela coleira, às vezes nos dá mais corda, outras vezes menos, então podemos defecar no jardim de outras pessoas ou em caminhos públicos. O Estado gosta de arrumar (com alguma coisa), então parece que ele trabalha. Isso se assemelha a um salão repleto de fumaça em que trabalhadores apressados empurram caixotes de madeira de cá para lá; às vezes parece uma tentativa desesperada, porém nobre de dominar uma prescrição criada por ele mesmo. Parece muito com trabalho, mas não é uma verdadeira criação com valor, mas é uma mania de manipulação com perfil neurótico.

De volta ao fato de que o Estado quer tudo regulamentado, de modo que se pareça com uma família decente: os filhos se sentam à mesa do pai com a coluna ereta, bem vestidos e sabendo usar os talheres tecnicamente. Boas maneiras por toda parte. A mãe cozinha apaixonadamente, sem ser percebida e sem se queixar. O pai deve representar o papel de homem. A máquina de lavar louças lava, a doméstica tira a mesa, a babá está ocupada, a *babysitter* cuida do bebê e na televisão se revela a verdadeira vida. Quando todos facilitaram a sua vida, entra a vinheta negra como óleo: os alemães são preguiçosos. Preguiçosos? Que nada! É preciso poder custear isso!

Como se isso fosse novidade. Preguiçoso. Mas por que existe um ressaibo negativo na palavra preguiçoso? Para o que trabalhamos afinal? Para nos sentirmos bem à noite, no final de semana, no tempo livre, nas férias, no Natal, sempre que encontramos um tempo para viver, para não nos preocuparmos. O Estado gostaria que cada um empurrasse a sua protegida caixa num único processo de valorização constantemente renovado e digno de confiança, com pausa controlada para o café da manhã. Orientado pelo sucesso ele recompensaria de acordo, afinal ele tem uma tarefa que nós mesmos — tolamente — lhe atribuímos. A tarefa de cada indivíduo isolado deveria consistir em usufruir. Como isso depende de interpretação, foge do controle, pois a maioria dos prazeres nós obtemos com dinheiro, onde sabemos que acaba a diversão e a amizade. A manchete pode ser gritante: Os alemães sabem viver! Embaixo, em letras menores: milhões são mais frugais do que o Estado permite; um novo ideal padronizado de vida se impõe. O que haveria de mal nisso?

Ninguém na metade do último século descobriu um novo assento de privada. Por que deveríamos deixar a vida ser descoberta pelo Estado?

Quem está preso, só tem uma coisa na mente: soltar-se das correntes. Nesse caso as leis só ajudam quando soltam ao mesmo tempo a coleira e dão bastante corda. Uma coisa é certa: a má administração não vem de baixo, mas de cima. A ociosidade é o início de todo vício? Excelente, um vício assim acelera bastante o transporte da velha caixa de mercadorias.

Bärbel Schermer
Família é profissão — ou apenas uma vocação?

Aqui serei bem franca: eu trabalho clandestinamente — e regularmente e ao mesmo tempo para várias pessoas. E também não trabalho numa única profissão! Na verdade, sou muito flexível. Assim me oriento totalmente pela necessidade da pessoa para a qual estou trabalhando no momento. Eu sou cozinheira, faxineira, babá, educadora, lavadeira ou também motorista. E quando o trabalho fica realmente privado, então naturalmente também sou mulher e amante. Mas como já disse: só cá entre nós...

Eu prefiro trabalhar entre as minhas próprias quatro paredes. De certo modo o trabalho chega até mim, o que na verdade é uma coisa muito confortável. Seja como for, isso também tem uma desvantagem decisiva: é um trabalho muito exaustivo, pois assim eu trabalho quase o dia inteiro. E por necessidade até vinte e quatro horas diárias — e ultimamente isso vem acontecendo com mais freqüência (é tempo de resfriados).

Na minha posição preciso assumir uma porção de responsabilidades. Além disso, preciso ter qualidades de gerente para que a loja funcione realmente bem. Aí se exige principalmente comunicação, talento de organização, estratégias de motivação e solução de problemas e, naturalmente, habilidade de negociação. E isso diariamente e sempre com a mesma qualidade. Afinal, as pessoas confiadas a mim (meus empregadores, se você quiser assim) devem sentir-se bem durante todo o tempo.

Eu ganho muito bem. Não aquilo em que você está pensando agora: eu não recebo salário por minhas atividades. (Na verdade ninguém também poderia me pagar de acordo.) Mas recebo uma porção de reconhecimento. Ao menos às vezes. E elogios. Ocasionalmente. E censuras. Isso, com mais freqüência. Principalmente, quando cozinho outra vez "comida saudável demais". Está bem — amanhã teremos outra vez fritas com *ketchup* e *nuggets* de frango, meus queridos, para que todos fiquem satisfeitos.

Para dar conta do recado, trabalho bem oficialmente: trabalho por hora (de preferência à noite, quando todos os outros erguem as pernas cansadas e se recuperam dos cansativos negócios diários), para me permitir também alguma coisa que a fraca caixa da economia doméstica não permite. Uma visita à cabeleireira, ir uma vez ao teatro (para tanto não tenho apenas de pagar a entrada, mas também uma *babysitter*) ou então uma coisa sem importância.

E sim: naturalmente com o meu trabalho eu também pago o auxílio-doença, a aposentadoria e o convênio hospitalar. Afinal, eu tenho de pensar nas épocas ruins e na velhice! E para o bem-estar geral eu ainda pago os impostos com os meus proventos quando eles são um pouco maiores durante o ano.

Acho magnífica essa união de família e profissão. Não há problemas quando se quer ser apenas mulher. Só recentemente um governo do Estado de orientação cristã deixou isso claro para mim. Ele lutava por uma melhor ligação entre a família e a profissão. Só que: de qual profissão eles estavam falando? Eu já tenho muitas. Exatamente como todas as outras donas de casa e mães deste mundo.

Marie Theres Kroetz-Relin

Pressão de vapor

Como, meus senhores? Vocês nos acusam, a nós, donas de casa, de não sabermos lidar seriamente com o tema água?

Mas então os senhores nos conhecem muito mal! Sobre o tema água logo nos ocorrem dicas de cozinha para economizar água e nós nos ocupamos sempre com o assunto. Sim, totalmente. Nós sabemos, com exatidão, que 97,4% da água do mundo é água salgada e só 2,6% é água doce! E da água doce exatamente 8% está disponível para os homens, animais e plantas! Também sabemos que a água doce restante forma as massas de gelo polar e as geleiras, ou que como água profunda do solo quase não pode ser alcançada. Ora, ficaram surpresos! Graças a Deus as geleiras começaram a derreter. Graças à mudança do clima, pois a água é necessária à vida.

Consumo diário de água por morador? Também disso temos conhecimento: tomar banho/duchas 90 litros de água + descarga do banheiro 90 litros + lavagem de roupas 20 litros + cozinhar 20 litros + o resto (passatempo etc.) 30 litros. Perfaz um total de 250 litros por dia.

E essa é a média na Europa central — eu elogio os alemães pela sua economia. Veja: um país industrial como a Alemanha gasta em média 129 litros por pessoa por dia, dos quais 2 litros são para beber, um gasto comparativamente baixo.

Vejamos os Estados Unidos: no sul da Califórnia esse valor é de mais de 3 mil litros. Trata-se do modo de vida norte-americano com piscina, lavagem de carro, diversão, enfim, o país sem limites.

O quê? Um morador de Sahel tem à disposição em média apenas 30 litros de água por dia para beber, cozinhar e lavar, a quantidade que um morador da Alemanha usa todos os dias somente na descarga do banheiro? Ah, disso eu não sabia até agora. Mas tenho pena deles; nós deveríamos começar logo uma campanha de donativos.

Se eu sei que diariamente morrem 100 mil pessoas em conseqüência da falta de alimentos, água potável e carência de vitaminas, respectivamente das resultantes doenças, como as causadas pela água contaminada? Isso completa 58% de todos os 62 milhões de pessoas que morreram no ano passado!

Mas me diga, agora querem atacar a pequena pobre dona de casa? Eu ainda não aprovo esse massacre em massa da população!

O que faz uma dona de casa, hein? Lava um pouco de roupa, isso não é tão grave, e por causa de um pouco de limpadores de banheiro o mundo não vai se acabar.

Por favor, agora me diga também, de que modo somos responsáveis pela indústria? Pelo fato de que não se pode fazer papel higiênico nem um carro sem gastar quantidades enormes de água e que essas águas contaminam a nossa água essencial, os rios e mares? Portanto, podem parar por aí. Analisem a economia rural: estrume, o combate às pragas e os pesticidas contaminam o nosso solo e nos proporcionam a chuva ácida. Só para que tenhamos belos pimentões vermelhos e as espigas de milho gigantes. Não, eu não participo disso. Na verdade, eu só compro produtos biológicos. Minha consciência está tranqüila, onde estiver escrito "bio" no rótulo o produto também é biológico.

E basta. E no caso da carne? Não, para mim carne biológica é muito cara, sinto muito. Se eu sei que um quarto de toda a colheita de cereais do mundo é usado todos os anos como alimento para os rebanhos dos países ricos? Pura loucura.

Mas agora eu não sei o que você quer, sou somente uma dona de casa! O que costumo fazer: começa um dia, acaba um dia, até o jardim verde eu cultivo. E, uma vez por ano, férias. E então vôo para uma ilha para turistas. E me alegro com o fato de a minha cama ser feita diariamente, pelo fato de as minhas toalhas serem substituídas todos os dias e pelo fato de poder nadar na piscina. Quando tomo banho de mar, finalmente vou tomar um banho de chuveiro, pois acho desagradável ter na pele toda a sujeira de tantos turistas e as algas incômodas que aparecem devido às águas de esgoto. A não ser isso, não nos proporcionamos nada! E gostamos de tomar conhecimento da oferta de tempo livre. Meu querido marido gosta de jogar uma bolinha de um buraco para outro. E jogar golfe relaxa. Mas que culpa tenho eu que numa ilha para passar férias, numa região desértica, num círculo de 15 quilômetros haja três campos de golfe? Isso também pode ser visto pelo lado positivo, os lá de baixo vivem do turismo. E as ricas bananas deles precisam de 4 a 5 litros de água por dia, mas não rendem dinheiro.

Parem de nos incomodar, nós, as donas de casa, somos realmente inofensivas. Analisem os políticos, os assim chamados DINKS (*double income no kids*), os senhores diretores da indústria e a economia: o que eles gastam de água e isso somente para defecar.

Em primeiro lugar eles bombardearam o Iraque, e de tal maneira, que uma cidade teve de sobreviver uma semana sem eletricidade e água e, para encerrar, ainda colaram uma sanção negativa, como uma proibição de colocar cloro no tratamento da água potável (poderiam ser construídas armas com ela).

E esses mesmos senhores se encontram no Fórum Mundial da Água e nos advertem que no ano de 2025 quase um terço da população, 2,7 bilhões de pessoas, viverá em regiões com grande falta de água e, graças à distribuição desigual, haverá ameaça de conflitos pela água entre diferentes usuários como a agricultura, a indústria e as economias domésticas, entre regiões ou entre países.

Ahá! Aí vocês logo ameaçam com as próximas guerras, por assim dizer quando o petróleo se esgotar! Afinal, a indústria das armas precisa viver de alguma coisa, certo?

E a mesma organização advertiu num relatório de junho de 2002 que a água deve ser considerada como um bem econômico de primeira linha e deve submeter-se ao objetivo de vencer os interesses do mercado. Em vez disso o abastecimento de água potável e o saneamento básico devem ser compreendidos como direitos humanos.

Os senhores se calam? Sim, nós, as donas de casa, podemos ser burras, mas as nossas aguinhas os senhores *não* sujarão, enquanto nós não estivermos com a água pelo pescoço.

Um bom dia.

Brigitte Hieronimus

Os homens falam — as mulheres discursam

A culpa é do Estado, diz a mulher, e liga a cafeteira elétrica para o marido. Se nós, as mulheres, tivéssemos direitos iguais, o mundo seria bem diferente, e passa manteiga no pão para o marido.

Sonolento, o marido cambaleia até a mesa para tomar café, pega o jornal e silencia.

A culpa é do legislador, que prejudica a nós, mulheres, que temos de nos decidir entre a família e a profissão, e cozinha um ovo para o marido.

Bocejando o homem folheia a página esportiva.

A culpa é dos funcionários, que decidem em instância superior o quanto nós mulheres recebemos se formos apenas donas de casa, e coloca o prato diante do marido.

Vocês podem optar por se casar ou não, diz o marido e dá uma dentada no pão.

A culpa é das notícias, que nos dão a nós, mulheres, medo do futuro, e serve o café.

O homem coloca o jornal de lado e se volta para o gato que se enrosca nas suas pernas.

A culpa é dos médicos, que prescrevem pílulas para nós, mulheres, de que nem precisamos, e coloca os pães na cesta da merenda.

Vocês não precisam consultá-los se não quiserem, responde o homem e se assoa no lenço.

Naturalmente não temos de ir, responde a mulher e lustra uma maçã que coloca junto na cesta da merenda.

E por que vocês os consultam?

Porque precisamos de alguém que nos diga o que é bom para nós, e despeja o restante do café na garrafa térmica.

E vocês mesmas não sabem disso?, pergunta o marido, levanta-se da mesa e estica a cueca.

O gato o segue.

Porque nós nos preocupamos continuamente com os outros, lemos cada desejo deles nos olhos, e trabalhamos demais, nos esforçamos, nos sacrificamos até não suportar mais. E qual é o agradecimento?

Quem lhes disse que vocês têm de fazer isso?, resmungou o marido no banho e gargarejou na pia.

Porque ninguém mais faz. Alguém tem de fazê-lo. A mulher leva a calça para o marido e coloca os sapatos dele à disposição.

Eles estão com uma mancha, diz o marido.

Onde? Eu não vejo nenhuma mancha, e se abaixa.

Tem uma mancha, sim, você não está vendo? E dá um empurrão na mulher.

Ela cambaleia.

Está certo, tem uma mancha.

Ela pega uma ponta da sua camisola e tira a mancha.

Definição de mãe

Marie Theres Kroetz-Relin

Filha de...

> *"A igualdade de oportunidades começou com as avós. As mães são o centro do mundo, e onde as mães fracassam, em algum momento também fracassa a sociedade. De onde uma criança tira o primeiro conceito, uma organização na qual ela cresce — de onde tira a primeira orientação para viver neste país das maravilhas, de onde a primeira confiança de que faz parte dele e de como pertence a ele."*
>
> *Maria Schell, Kostbarkeit des Augenblicks*
> *[O valor do momento]*

"Você não é a filha de...?", me perguntam no aeroporto, no supermercado ou em qualquer outro lugar.

"Sim, sou eu", concordo com um sorriso profissional.

"Logo imaginei que você é a filha dela! Mas acho muito bom vê-la pessoalmente. Sabe, eu sempre adorei a sua mãe. Todos aqueles filmes!", jorrou daquela mulher.

"Isso me alegra", respondi num tom um pouco mais severo.

"Bem como a mamãe!", a mulher começou outra vez. "Os mesmos olhos, a mesma voz... e igualmente simpática como a mamãe!", e me bateu amavelmente nas costas.

"Obrigada", engulo e quero fugir. A senhora percebeu isso.

"Então não quero perturbá-la mais. Lembranças à senhora sua mãe... de uma fã!", ela disse sorrindo e faz menção de ir. Ela ainda se vira rapidamente uma vez e pergunta: "Ah, e como você se chama?"

Bem, eu sempre fui a filha de — de uma boa mãe, mas justamente de uma mãe famosa e, principalmente, de uma profissional. Quando eu nasci, minha mãe já estava com quarenta anos. E, como criança, sempre imaginei que as mulheres só podem dar à luz a partir dos quarenta. A profissão vem antes e isso para mim era totalmente normal.

Sempre tive orgulho da minha mamãe, apesar de que a sua fama também fosse muito incômoda. E as várias despedidas, pois minha mãe viajava muito e em parte ficava ausente por muitos meses. Detesto despedidas até hoje, justamente porque tenho consciência de que elas nos acompanham durante toda a vida.

Bom saber que a minha mamãe também foi a filha de alguém e da minha avó, chamada de vovozinha. Essa mulher era simplesmente incrível; por assim dizer, minha segunda mãe. Aprendi tudo o que uma dona de casa e mãe precisa saber na vida com a minha avozinha. E ela sempre esteve presente quando precisei dela.

Minha avó me formou e no subconsciente eu a copiei: ela era casada com um poeta — eu também sou. Ela foi mãe muito jovem, presenteou com a vida quatro filhos e desistiu da sua carreira de artista por eles — isso me soa familiar, só que fiz greve depois do terceiro filho.

Ela foi uma cozinheira fenomenal, uma mãe amorosa, uma artista na vida, com muita fantasia... e nunca expressou seus muitos talentos.

Fiquei grávida com vinte e um anos — era muito tola para me prevenir — e justamente de um poeta. Portanto, não só aos quarenta...

Com vinte e oito anos eu estava no auge da minha nova carreira; "totalmente formada", três vezes mãe, ao todo grávida durante vinte e sete semanas, produtora de leite durante quatro anos e meio, há seis anos em prontidão duradoura.

Agora, portanto, eu mesma sou "mãe de".

Recentemente fui a um festival de música com a minha família. Adiantei-me um pouco com a minha filha Josephine e paramos diante de uma barraca de *piercing*.

"Você quer um bombom?", perguntou o jovem vendedor à minha filha púbere, enquanto eu me concentrava com esforço nas argolas de *piercing*.

"Obrigada", ela disse um pouco envergonhada.

"Quantas vezes já lhe disse que você não deve aceitar doces de homens estranhos?", eu ri, com acento maternal. Aí o vendedor se voltou para mim e me ofereceu um bombom também e aproveitou a chance nº 2: "Mas quando a mamãe não estiver presente...".

Foi um momento maravilhoso quando revelamos ao jovem que eu era a mãe e que desse modo as chances dele se reduziam a zero. A isso chamo de igualdade de chances. Quando viu depois meus outros dois filhos, ele ficou sem fala. E nós simplesmente ficamos orgulhosas, tanto a mãe como a filha.

Portanto, numa vida há várias variantes de "mãe". Ela lembra uma melodia que acompanha um filme mudo: comovente, determinante, sempre presente, às vezes melancólica, às vezes alegre, às vezes consoladora, às vezes raivosa, às vezes ainda medrosa.

Ser mãe significa plenitude e renúncia numa coisa só.

E se existe algo a que eu não quero renunciar na minha vida, trata-se do meu título nobre "de".

Lisa Fitz

Mamãe

Lo piu importante de la vita é la mamma... l´amore de la Mamma!

A mãe é o alfa e o ômega na vida de um ser humano. Naturalmente, não apenas no sentido positivo.

A frase "Você é como a sua mãe!" pode provocar meses de crise conjugal.

As mães também são supergalinhas chocas, monstros controladores, dominadoras, princesas más, um poço de queixumes. E o amor de mãe muitas vezes é semelhante a uma galinha gigante que se senta sobre um pintinho, porque não percebeu que ele não é mais um ovo.

Mas existe algo mais existencial do que o amor materno? Basta a palavra: mãe... mamãe!

Que sentimentos ela desperta! Só existe uma mãe, uma mamãe — mesmo que ela nos irrite. E quando ela não existir mais, então saberemos disso.

E no que pensamos ao lembrar... mamãe?

Em amor, calor em braços aconchegantes, em pães com manteiga, em fraldas, em fazer joguinhos, pula-pula cavalinho, em sentir-se protegido, em histórias de boa noite, em bichinhos de pelúcia.

Algo que não volta mais nesse mundo frio, duro dos adultos. Nesse mundo solitário, onde sopra o vento gelado do dinheiro e da guerra. Algo que se perdeu para sempre e que só continua vivendo aqui dentro... a infância.

A mãe, que sempre nos perdoa — também quando o filho é um mafioso. Aí ela lava o sangue do terno e diz: "Você é meu filho!", e cozinha um suculento prato de espaguete. Aristóteles já dizia: "As mães amam mais os filhos do que os pais, porque elas podem ter certeza de que são seus".

Mas por mais importante que seja, a mãe da mesma forma é ridícula e incômoda quando é velha e está esgotada.

Aí não a queremos mais, essa consciência pesada que se tornou carne, essa censura ambulante desdentada, que espera durante doze meses do ano por uma visita, esse poço de preocupações, esses cuidados maternais que impedem o homem de tornar-se um homem, esse domínio disfarçado e esse queixume pelo sacrifício: "Depois de tudo o que eu fiz por você... Essa é a recompensa? Você deixa a sua velha mãe tão sozinha!"

Fizemos uma pesquisa — 1999! — sobre o que os filhos criticam em suas mães: *fraqueza*!

Elas não conseguem alcançar seus objetivos, não conseguem afirmar opinião sobre o pai.

Em geral temos mãe e pai — mas o pai aparece antes como ameaça.

Eu resumi isso em Easpcec: Espere até seu pai chegar em casa!

O pai nunca está, portanto — desde Freud —, a mãe tem culpa de tudo.

Causa-me espanto que ela ainda não tenha sido eliminada.

O problema não está em que os filhos... queiram tornar-se homens, mas no fato de eles continuarem sendo filhos durante toda a vida!

A maioria dos relacionamentos fracassa porque o homem vê a parceira como uma espécie de mãe.

Ele aprendeu assim. Nós lhe mostramos isso.

Mas isso é horrível, quando o homem nos momentos do maior prazer diz: "Também foi bom para você, mamãe?"

A mamãe deve cozinhar, limpar, lavar cuecas sujas.

Um garoto de três anos não sabe passar Nutella sozinho no pão, mas por certo um de trinta anos, sim!

As mães fazem os homens. Portanto, devemos continuar inteligentes.

Mãe e filho. Esse me parece ser o único relacionamento ainda digno de confiança nesta sociedade.

Essa aliança é glorificada, mistificada, edipiana... e um espinho no olho de muitos poderosos, além de altamente suspeita — e melhor hoje do que amanhã, querem arrancar os filhos de nós para seus fins duvidosos — em seu mundo masculino, engrandecedor. Mas até que se chegue a isso é um longo caminho. Começa desta maneira:

Milhões de espermatozóides lutam pela vitória, só um pode vencer — e nós sabemos como isso é difícil para os seres masculinos desorientados, que nunca perguntam qual é o caminho...

Só um pode vencer — e unir-se ao óvulo, aquele óvulo que espera com teimosia: "Sim, vamos ver agora quem é o mais forte, agora fico aqui de cócoras sem fazer nada — isso eu sei fazer bem. Um dará um jeito de chegar, o melhor e o mais rápido!"

E ele está chegando! Uau! Bam! Crás!

E então esse minúsculo, invisível, cresce cada vez mais e cresce e sai — o parto, o mais dramático acontecimento da natureza — fica cada vez maior, faz cocô na fralda, cospe no babador, aprende a andar, se forma.

E ei-lo aqui... meu óvulo que foi, minha sorte genética, maravilha da natureza, o vencedor é — Nepo!

Josephine Kroetz
Sentimentos das pessoas na puberdade

"Por que você é tão teimosa?"

"Por que você não entende o que se passa comigo?"

"Você não quer que eu entenda; você não me conta nada."

"Você não me deixa falar!"

Silêncio.

"Se você me dissesse o que está acontecendo com você, eu poderia ajudar."

"Você nunca poderia compreender como eu vejo o mundo, nem mesmo se olhasse através dos meus olhos."

A porta se fecha, a filha está de mau humor, a mãe está triste.

Esse é o efeito final depois de uma briga entre mãe e filha, e cada um que tiver uma mãe ou uma filha pode entender isso.

Selena entrou precipitadamente no seu quarto, totalmente decidida a sair de casa e não voltar mais. Mas não conseguiu ir tão longe. A sua raiva lhe roubou toda a força. Totalmente esgotada ela se arremessou na cama e contou as lágrimas que lhe corriam pelo rosto, que se parecia tanto com o da sua mãe.

Em sua agitação, ela adormeceu. Às seis da manhã ela acordou outra vez. Ela havia tido um sonho maravilhoso que lhe esclareceu muita coisa.

Firmemente decidida, sentou-se à escrivaninha e escreveu aquela carta para sua mãe, que ficaria para sempre encerrada na sua memória:

Querida mamãe,

Nesta carta eu lhe contarei sobre um país que você sabe que existe, mas no qual nunca esteve!

Eu estive lá, e eu conheço esse país há muito tempo. É um país muito bonito, um país como o que aparece num livro de figuras.

Ele tem grandes relvados verdes, em que crescem flores de todo tipo! Vermelhas, amarelas, azuis. Eu prefiro as orquídeas vermelhas azuladas.

Nesse país também há um lindo rio largo! Quando olhamos para o seu leito vemos uma porção de pedras brilhantes, lindos peixes coloridos e pedras magnificamente formadas!

Lá também há uma floresta profunda em que se pode observar durante todo o dia belos veados, raposas e animais selvagens.

Mas quando desviamos os olhos da paisagem, vemos à distância uma montanha gigantesca, que nós chamamos de "a pequena"; ela parece perigosa, mas todos sabem que ela nunca poderia fazer algo de mau. A pequena separa a terra do mar, em que nadam golfinhos.

Nesse país há uma pequena aldeia. Eu conheço todas as pessoas que moram ali. Mas, sabe o que eu tanto admiro nessa aldeia? Ali nunca houve uma briga.

Não me pergunte como isso é possível. Eu só sei que é assim. Todos se amam ali, todos se ajudam reciprocamente, é como num belo livro. Agora você pode pensar que estou lhe contando uma história inventada, mas não, isso acontece de verdade, esse país realmente existe!

Pois bem, certo dia aconteceu algo que nunca havia acontecido nesse país. Nesse país, em que tudo era tão perfeito, aconteceu algo horrível! Houve um terremoto! Ninguém ficou ferido, mas todos os que têm uma alma, tiveram a sensação de que o seu âmago seria destruído. De repente todos ficaram com um medo terrível de serem feridos mais uma vez. Por que aconteceu isso?

Semanas depois, quando a antiga harmonia foi mais ou menos restabelecida, a mesma coisa aconteceu outra vez. Mas dessa vez não houve somente perturbação na alma das criaturas vivas, mas também em toda a região! Houve terríveis tempestades que fizeram o rio transbordar das margens. As flores no grande prado se tornaram escuras e murcharam. A floresta parecia tão assustadora e sombria que até os animais selvagens fugiram. O mar começou a espumar e ondas gigantescas se arremessavam contra "a pequena". Parecia que isso perturbaria a calma da montanha, e aconteceu algo totalmente inesperado. Ela explodiu, e grandes ondas de lava se derramaram sobre a região!

Ninguém sabia o que fazer, quando subitamente aconteceu um milagre!

O rio transbordado se misturou com a lava que dessa forma se apagou e uma grande parte foi levada pelo mar salgado. Um vapor esbranquiçado subiu! A tempestade amainou. A água foi embora.

Você sabe por que estou lhe contando isso?

Você deve pensar que isso aqui não tem nenhum sentido, mas eu lhe asseguro que você sabe de que país estou falando!

Eu falo da minha alma!

Os grandes relvados são as minhas esperanças; as flores, os olhares de luz.

O rio que transbordou das margens são as lágrimas que eu derramo, que se misturam com minha raiva: a lava.

Eu tento esconder tudo isso: nas infinitas profundezas do mar. Mas, embora eu tente, não consigo totalmente. Isso é revelado pelo vapor.

A floresta deve simbolizar os meus segredos, dos quais só menciono alguns: os animais!

A tempestade é o produtor da catástrofe, que destrói as minhas esperanças.

O resto eu não interpretarei, você mesma deve saber do que estou falando!

Pois bem, para você:
Não se preocupe comigo, a tempestade já passou.

Apesar disso, vai demorar até que volte a paz! Mas eu lhe prometo, vai ficar tudo como antes. Quando os animais ousarem voltar para a floresta, o vapor sobre o mar tiver se retirado e as flores se abrirem outra vez, tudo ficará como era; com uma única mudança: em vários lugares haverá vestígios da lava.

Mas quem foi que disse que os vestígios de uma batalha são ruins?

Talvez você possa vir me visitar nesse belo país algum dia.

Eu amo você, sua Selena.

Satisfeita, ela colocou um café no fogo, preparou algumas torradas e as levou para a sua mãe, na cama.

"Bem, hoje você não precisa se levantar; veja, eu lhe trouxe o café da manhã. Agora vou para a escola, está bem?"

"Sim, meu tesouro, obrigada!"

Sem chamar a atenção, ela deixou a carta na bandeja e foi contente para a escola.

"E então, como foi na escola? Você parece muito estressada. Venha, eu a convido para comer no melhor restaurante italiano da cidade e depois vamos ao cinema. Vejamos se isso recupera você."

Rindo, ambas saíram de casa e deixaram um bilhete:
"Querido pai de família, ao voltar para casa cozinhe a comida para você e as crianças pequenas. Hoje nós vamos passar bem!"

Louise Reuter

Nenhum vestígio de manipulação

Eu estava com quatorze anos e, justamente naquele dia, a minha mãe me tratou de modo muito injusto. Por isso eu decidi sair de casa e morrer lamentavelmente em algum lugar da Austrália. Eu já me via pálida e muito bonita deitada embaixo de um eucalipto — eu esperava que a minha morte solitária no estrangeiro fosse uma lição para minha mãe. Mas preferi não viajar para a Austrália; em vez disso, eu decidi mais tarde ser a melhor mãe do mundo.

Durante os estudos eu encontrei o melhor futuro pai do mundo para realizar esse plano. Orgulhosa, eu carregava a minha barriga cada vez maior, mesmo que nos dois últimos meses da gravidez eu pensasse que nunca mais conseguiria ver os meus pés.

Daniel foi o nosso primeiro filho, seis anos depois chegou Emma. Antes mesmo da chegada de Daniel eu estava muito bem preparada para tudo e tinha cerca de um metro da melhor literatura sobre educação na estante. Quando Emma nasceu já eram no mínimo três metros de livros sobre a alimentação mais recente, sobre socialização infantil, controle de crises familiares e assim por diante.

“Nunca”, assim explicávamos meu marido e eu, “nunca seremos injustos com nossos filhos. Lidaremos com eles abertamente, sem terreno duplo e sem truques de manipulação. Os nossos filhos sempre nos amarão e nunca sonharão ficar deitados mortos sob uma árvore de eucalipto.”

Nós tentamos com toda a força convencer os nossos filhos de que era bonito compartilhar e ajudar os outros, tolerar-se outra vez depois das brigas, não mentir e cumprir todas as outras virtudes nobres existentes. No entanto, às vezes eu ficava com a estranha impressão de que especialmente Emma “educava” os pais à medida que constantemente nos enrolava com seus pequenos dedos rosados.

Naquela manhã de sábado ela se aproximou radiante de alegria — mesmo que lamentavelmente cedo — da nossa cama (Daniel estava fazendo uma excursão da escola).

“Já lavei meu cabelo”, ela explicou e, surpresos, meu querido e eu olhamos para o cabelo colado e espetado em todas as direções da Emma — eles exalavam um aroma penetrante de morangos com hortelã. Levou bastante tempo para eu lavar todo o conteúdo de um tubo de pasta de dentes dos seus cabelos e Emma resmungava, meio que se lamentando para si mesma: “E eu que pensei que você ia ficar contente!”

Emma tinha um relacionamento truncado com alimentos saudáveis como verduras refogadas, saladas frescas crocantes ou pão integral com queijo. Ela afirmava que creme de chocolate passado em pãezinhos era muito mais gostoso. Mas eu achava que um pãozinho com creme de chocolate no café da manhã dos sábados era suficiente e por isso lhe preparei à tarde um saudável pão integral com queijo.

"Posso lhe oferecer um bocado?", Emma perguntou cheia de pena. "Você quer dar uma mordida? Com certeza você deve estar outra vez com muita fome, mamãe!"

Mas eu fiquei firme e expliquei a Emma que ela não precisava se preocupar com a minha fome. Ela levou o pão para o quarto dela, voltou depois de exatamente dezessete segundos e anunciou alegremente: "Mamãe, comi todo o pão. Ele estava muito gostoso. Mas não olhe no cesto de papéis!"

Naturalmente eu não olhei no cesto de papéis. Se fizesse isso eu enterraria a confiança de Emma em mim. Eu examinaria o cesto de papéis minuciosamente na segunda-feira — quando ela estivesse novamente no jardim-de-infância.

Em seguida fizemos um longo passeio a três pela cidade. Emma nos mostrou o paraíso dos brinquedos em Karstadt, o departamento zoológico (demorou quase uma hora e deixou para trás uma dona de loja totalmente esgotada), depois fomos ainda ao MacDonald's comer batatas fritas, *milkshake* e BigMac (era muito mais gostoso do que pão integral com queijo) e, finalmente, ela passeou em cada cavalinho do carrossel infantil do parque de diversões (até eu não mais conseguir ficar em pé e meu querido se recusar a continuar acenando encantado por mais tempo).

Voltamos para casa cansados.

Um pouco mais tarde preparamos um café fraco. A propaganda afirmou que ele recupera os nervos de pais estressados. Decidi que desta vez, excepcionalmente, ele seria adoçado com açúcar.

"Emma", eu disse com voz doce, eu havia colocado meus pés para cima. "Por favor, você poderia me trazer o açúcar lá da cozinha?"

"Infelizmente não, mamãe", gorjeou Emma alegremente e continuou a brincar no canto com Ernie e Kermit, seus mais bem-amados fantoches. Meu marido sorriu ofensivamente. Fiquei ligeiramente confusa. Mas de todo modo — Emma havia lamentado expressamente não poder me ajudar e, com isso, provou claramente com que rapidez já havia desenvolvido o seu comportamento social. Mas isso era surpreendente!

"Você tem de começar de modo muito diferente", sussurrou o papai e então ele perguntou macio como seda: "Ah, Emma, por favor, você poderia buscar o meu livro no quarto? Ele está na mesa-de-cabeceira. Ele tem uma capa verde. Ah, não — deixa para lá — você com certeza ainda é muito pequena para fazer isso! Isso você ainda não consegue!"

"É isso mesmo, papai! Sou pequena demais para fazer isso. Não consigo fazer", confirmou Emma amigavelmente e começou a preparar uma cama macia com as almofadas do sofá para Ernie e Kermit.

Meu marido se levantou para ir buscar o açúcar e o livro.

"Papai, você me traz uma banana?", Emma gritou para ele. "O meu Ernie está com tanta fome! E papai — você é tão forte. Com certeza você também consegue trazer um prato com pistache — Kermit também está com muita fome!"

"Está bem", resmungou o seu educador psicologicamente vencido. "Eu dou conta de fazer isso!"

Lisa Fitz

Pessoa ambiciosa

Eu tinha uma suspeita, porque...

Meu filho não bebe, não fuma, também não responde mal, aprende de bom grado — não sei mais o que fazer com o garoto. Ele me tira totalmente do sério. Muitas vezes já pensei que há algo de errado com ele. Até descobrir que, dentro da pequena família, ele procurou estrategicamente falhas de mercado. E por isso suspeito que talvez ele seja uma pessoa ambiciosa mascarada, que trabalha contra mim, subversivamente, com métodos totalmente sutis... E sofro isso como um hippie tardio, liberal, antiautoritário, pós-feminista! Honestamente, eu não o eduquei assim. Eu disse: "Ei, se você se formar será ótimo, senão, paciência!"

O que ele faz — se forma! Sem problemas... traidor! Que humilhação para mim e meus catastróficos desempenhos escolares! É disso que eu precisava! Por pura gentileza com seus pais você poderia ter tirado notas um pouco mais baixas. Ainda lhe pergunto: "Você não tem problemas na escola, como todo garoto normal?" Disse ele: Não, não ligo para problemas. Eles não são legais".

E ele não fuma. Não. Fica se remexendo no carro, dizendo que o cigarro fede e cheira mal — até eu perder a vontade de fumar — então parei. Eu parei, em vez de ele começar a fumar, como qualquer criança normal.

A mesma coisa com a bebida. Ele me viu certa vez num estado ... ahã... desolador. Você deveria tê-lo visto, então... ofendido não é nenhuma expressão condizente! Ele parecia antes *mortalmente ofendido*. Ele me avisou: "Se você fizer isso outra vez, mamãe, então o seu filho não a amará mais!" Sabe do que mais? Eu tenho a sensação de que o garoto está me educando — e eu precisei de vinte anos para entender isso.

Além disso, eu não o batizei. Não. O menino deve escolher sua própria religião, segundo seu livre-arbítrio. Isso foi um erro. O que ele será...? Católico! Por livre vontade! Que vergonha! Essa por certo é a última coisa com que devemos contar como educadores por direito. Falamos bastante, quando o dia é longo — e pensamos que alguma coisa deve restar desse falatório. Em geral, isso entra por um ouvido e sai pelo outro. Mas quem é que imagina de que tudo isso ficou lá dentro? Ele presta atenção em tudo e ainda se lembra de detalhes, como lugar e hora, só falta ele pedir para eu assinar embaixo!

E para coroar: ele me contradiz continuamente com os meus próprios argumentos e me pega por algumas declarações das quais eu já me esqueci há tempos. O que me importa a minha tagarelice de ontem? Exemplo: "Não falar mal dos ausentes". Eu disse algo assim, infelizmente. E depois eu xingo a nossa vizinha, a Huber, essa vaca gorda. Ela que estoure, digo eu, então ele diz: "Mamãe, você disse que não devemos falar mal dos ausentes — e a sra. Huber, por acaso, não está presente".

Às vezes eu desejo uma criança bem normal, entrando na puberdade, que diga, condescendente: "Sim, mamãe!" E podemos esperar que ele *não fará* o que dissemos. Quando podemos sentir-nos bem como uma mãe que se sacrifica, que realmente quis o bem dele e que fez tudo... mas o seu filho fez!

É assim que se adquire autoconsciência como mãe. Sou uma mãe muito normal, que registra todas as suas corrosivas indicações educacionais durante anos, como se grava uma fita magnética — e tenho de agradecer a Deus, pois não me ocorre nada de novo nessas circunstâncias. Amém.

Gudrun Schilken

A mãe, o pão com manteiga e o budismo de manhã cedo

Cedo, de manhã. Cansada. Fazer o café da manhã. Bocejar. Ligar o rádio. Palavreado. Desligar o rádio. Bocejar, outra vez! "Eu quero pão com Nutella."

Nenhum protesto hoje. Cansaço. Simplesmente, estou cansada. O que vou cozinhar hoje? "Mamãe, pronto!" Limpar o bumbum. Mau cheiro. Pum. Um bumbum tão pequeno...

"Onde está o meu casaco?" "No lugar de sempre!" Nervoso. "Heim? Você disse alguma coisa?" "Tire esses fones dos ouvidos. Eu falei com o seu irmão." "Mamãe, mais um pão com salame!" "Só sobrou patê de fígado!" "Mas eu quero salame." "Parado aí, feche o casaco!" "Ah, cara." "Tenho só cinco horas hoje!" "Está bem, até logo!" "Você ouviu? Hoje eu só tenho cinco horas." "Sim, você só tem cinco horas hoje, entendi. Não sou tão burra assim." "Mas desde que você fez quarenta anos, esquece sempre tanta coisa!" "Fora!" A porta se fecha. Um já se foi. "Mamãe, qual é afinal a diferença entre os católicos e os budistas?"

A criança pequena faz perguntas difíceis às sete e meia da manhã. A mãe não pode responder agora. A mãe precisa despedir-se da criança grande. Olhar estimulante, olhar nervoso em resposta. E até logo. Bem, sim, como era a pergunta sobre o budismo e o catolicismo? Gemido no cérebro. Como explicar isso ao meu filho? "Pois bem, os católicos acreditam que vamos para o céu quando morremos e os budistas acreditam que renascemos como um animal ou ser humano. E ainda há muitas outras coisas. Vamos ler um livro sobre o assunto." "Mamãe, olhe, acho que meu tetravô está voando ali. Será que ele renasceu como uma mosca?" "Ah, sim, pode ser." Mudar depressa de assunto. "Você comeu bastante?" "Mamãe, ontem no jardim-de-infância, a Lina disse um palavrão no canto das bonecas e..." Loquacidade sem parar. Criança muito tagarela e muito inteligente, portanto, cuidado: "... e então a Sabina voou até o teto e saiu pela janela... mamãe, você não está ouvindo. Acabei de contar besteiras!" — "Bem, mas agora vamos para o jardim-de-infância." — "Está bem, mas antes preciso lhe contar mais uma coisa..." Mais uma vez loquacidade interminável. Calçar os sapatos. Vestir o casaco. Touca, xale, luvas. Pronto, ufa! "Mamãe, preciso ir outra vez ao banheiro!" Respirar fundo. Tirar outra vez a roupa, esperar, limpar, vestir. Esperar. A criança está pronta. "Mamãe, hoje à tarde você brinca comigo? Eu quero fazer trabalhos manuais com você e ler um livro de figuras e depois brincar com Patrick e, além disso... Mamãe?" "Sim?" Mamãe quase não consegue mais se controlar. "Mamãe, eu amo tanto você!" Mamãe derrete e suspira, tão querido!

Filhos são uma coisa muito bonita.

Ruptura do eu

Marie Theres Kroetz-Relin

Sentir o eu

Ela esperava muito dessa viagem. Dias de férias são como lembretes no cérebro, pequenas perspectivas luminosas, que rompem a monotonia do dia-a-dia, alimento para os dias frios nas próprias quatro paredes.

Amelie estava em pé nos recifes e olhava para o mar. O mar. O seu mar...

"Estranho", pensou, "esse profundo puxão em mim. Ele me pressiona e dói tanto..." Ela inspirou profundamente e seu olhar perdeu-se no horizonte.

Amelie era uma mulher bonita. Em meados dos trinta anos, tinha quatro filhos, um marido amoroso, apesar de não ser fácil, uma casa pequena e, além disso, levava uma vida bem normal. Ela funcionava como um velho relógio de bolso com um tique-taque agradável nas horas do seu dia-a-dia. Muitas vezes ela tinha saudade do distanciamento, junto com a esperança de modificações. Mas eles podiam se conceder férias na praia somente a cada dois anos, a vida sem recursos era simplesmente cara demais.

"Essa saudade em mim... por quê? Por que sinto essa insatisfação? Por que não a deixei em casa? Eu queria respirar profundamente...", ela pensava desesperada.

Amelie não dormiu bem nessa noite. Os pensamentos perfuravam o seu cérebro como vermes. Silenciosamente ela se levantou, olhou para cada um dos seus filhos e esgueirou-se até a cozinha. Cuidadosamente fez um café. Como sempre. O aroma do café lhe deu a sensação de estar em casa. Um lar em que ela não queria viver mais. Ela bebeu o café aos tragos. Ao fazer isso suspirou e contemplou suas mãos cansadas. Amelie começou a tirar seus anéis bem vagarosamente, como se tentasse ao mesmo tempo eliminar a sua rotina. Mas de modo limpo, exatamente como tudo o que ela fazia. O silêncio inusitado fez com que saísse de casa às cinco horas da manhã. Ela gostava do ar de verão da manhã, levemente úmido, fortalecido pelo grosseiro sabor de sal do mar.

"Afinal eu estou bem, tenho tudo, filhos saudáveis, um marido, uma vida normal." Amelie fez uma pausa. "Uma vida normal. É isso...."

Ela olhou para o abismo e para a espuma branca das ondas que se deitava sobre o mar como neve fresca.

"Eu sinto uma saudade tão profunda. E eu sei que é injusto. Não devo pensar desse modo. Mas não consigo fazer diferente. Isso me atrai. Eu anseio por um abraço. Um abraço da minha alma..." Uma lágrima escorreu pela face de Amelie.

"Ser livre. Estender os braços e voar, nadar até o horizonte, sempre em frente..."

Ela ficou um pouco tonta. A altura e o mar a haviam aprisionado e seus pensamentos se tornaram um chamado.

"Eu anseio até mesmo pelo abraço da morte. Mas eu nunca teria coragem. Alguma vez eu tive a coragem de fazer o que quero?"

Sentiu frio, os sentimentos estavam agitados e as lágrimas se adaptavam às ondas.

"Eu nunca tive coragem de defender meus sentimentos, de viver as minhas necessidades... Eu funciono. Mas acaso eu vivo? Sou covarde demais para viver, covarde demais para morrer!"

Embora ela estivesse tão perturbada, uma calma espalhou-se em Amelie. "Eu nem mesmo permito que cortem os meus cabelos, quanto mais tingi-los. E por quê? Porque os outros gostam tanto deles desse jeito? Sim. Por isso. E eu? Por que não mudo nada em mim? Para não mudar de hábitos?"

Ela estava perto. Ela estava pronta. Amelie estendeu os braços.

"Eu quero sentir o meu eu! Eu quero fugir para o eu!"

Ela fechou os olhos e começou a sentir-se leve.

"Mamãe?"

Amelie se assustou, em seu corpo vieram à tona os pensamentos, os sentimentos, as coisas interiores em série e pelos membros, como se tivessem de se apresentar por causa do apelo.

"O que você está fazendo aí? Você chorou... Está tudo bem?", perguntou a sua filha. "Sim... sim", respondeu Amelie, confusa. "Está tudo bem. Eu só estava desfrutando a beleza do mar."

Ela sorriu e percebeu que aquele maldito tique-taque começava nela outra vez, como se dessem novamente corda no seu relógio interno e como se o hábito quisesse entrar outra vez furtivamente pela porta de trás.

"Eu estava justamente tão perto de mim", passou pelos pensamentos de Amelie, enquanto ela se virava para abraçar a filha.

"Ei, mamãe, aí é danado de fundo... você não tem medo?", perguntou sua filha mais velha.

"Não", disse Amelie em voz baixa. "Não, absolutamente nenhum." E ela pensou: "Eu queria sentir o meu eu. Eu queria uma mudança. E outra vez me faltou a coragem..." Ela fez uma pausa e olhou para a filha.

"Sabe de uma coisa?", ela começou e logo parou de falar. Ela ainda não conseguia falar sobre isso... ela lutava consigo mesma.

"O que, mamãe?", a filha esperava uma resposta.

"Os outros ainda estão dormindo?", Amelie perguntou cuidadosamente.

"Sim, profunda e firmemente", a garota riu.

"Então nós duas vamos até a cidade e tomamos café. Depois vou furar as orelhas e colocar brincos", Amelie disse depressa.

"Mamãe, nunca na vida você quis furar as orelhas e usar brincos!"

Amelie se sentiu apanhada.

"Mas eu acho chique! Com certeza ficarão totalmente bem em você. E, além disso, nós podemos trocar de brincos!"

"E depois nós vamos ao cabeleireiro!" Amelie interrompeu sua filha e sentiu-se muito aliviada.

"Eu nem estou reconhecendo você, mamãe! Então vamos logo, antes que você mude de idéia. Vem!"

Ela puxou a mãe pela mão.

Amelie sabia, mesmo que fosse uma pequena mudança na sua vida, que esse era um começo. O seu começo.

A fuga para o eu fora bem-sucedida. Mesmo que diante dela ainda houvesse um longo caminho.

Uma viagem de ruptura.

Barbara Fabricius-Exner

Três semanas de férias. Sinto-me bem!

Sinto-me bem?

Chegamos aqui hoje pela manhã. Meu Deus, eu estou totalmente acabada: viajamos a noite inteira de carro, por causa das crianças. Elas dormem em todo lugar, também no carro. E quando dormem, elas não brigam. E nesse caso também não ficam entediadas, não ficam resmungando, não acionam todos os registros desde "preciso fazer xixi até eu estou com fome". Nas primeiras três horas elas ainda estavam bastante animadas para que finalmente saíssemos, depois ficaram mais calmas e perto das onze e meia todas as três estavam dormindo. Eu também estava cansada, mas não queria adormecer. Sempre que Marcel dirige, eu tenho a sensação de que preciso ficar acordada por solidariedade — afinal, é perigoso dirigir sozinho no escuro, quando todos os outros roncam levemente. Ele sempre ri de mim. "Durma tranqüila um pouco, para depois estar em forma e pegar o volante", ele disse. Eu não pude dormir e, apesar disso, dirigi enquanto Marcel abaixou o assento, fechou os olhos e dormiu serenamente durante três horas.

Chegamos de manhã, às sete horas. Ao Atlântico. Nós nos sentamos na areia e comemos *croissants* frescos. As crianças e Marcel acharam isso extravagante. Eu também tentei achar isso extravagante, mas estava cansada demais.

Agora estou deitada aqui na praia, é de tarde. Os outros pesquisam a redondeza. Ainda não consigo dormir, mas ao menos nenhum deles quer algo de mim.

Depois do nosso café da manhã na praia, fomos buscar as chaves da nossa casa de férias. A sra. Desforges, que administra aqui várias casas de férias, foi na nossa frente em seu pequeno Peugeot azul e nos guiou pelas ruelas até a "nossa" casa. É uma casa cinzenta com venezianas verdes, um terraço minúsculo, no qual estão uma gasta mesa de madeira e meia dúzia de cadeiras de jardim de metal.

Marcel realmente tem um nome francês, mas não fala francês. "Para isso eu tenho você", ele ri. Eu também não vou muito longe com o meu francês. Cada vez que Marcel diz, "você poderia perguntar se..." fico inundada de suor. Eu me atrapalho sem piedade com os períodos e casos, pesco verbos esquecidos, procuro freneticamente no dicionário. E me considero uma idiota, quando o francês na minha frente obviamente sorri sem me compreender. Ou não quer compreender. Afinal, eles são assim. Nós, os incivilizados não franceses deveríamos ao menos nos esforçar um pouco, *n'est-ce pas?*

Depois me sinto pequena e feia. Desejo não saber nenhum francês, como Marcel. O exagero sempre se torna visível quando consigo dizer algumas frases num francês bem razoável, obtenho uma resposta ou uma pergunta, que eu não entendo e fico exausta. E depois esse olhar surpreso e sem compreender nada, como — eu pensei que a senhora *falasse* francês... eu gostaria que o chão me engolisse. Por que a França é tão bonita que temos sempre vontade de voltar lá?

A areia é inacreditavelmente clara e fina. E ela está em toda parte onde não deveria estar. Na toalha de banho, nos cabelos, nos óculos de sol. Sempre preciso de alguns dias para poder me habituar. Marcel esqueceu-se de trazer um guarda-sol e eu não suporto muito bem o sol. Em todo caso, não tanto sol. Acabei de passar creme, fator de proteção solar 18. E agora a maldita areia está grudada em mim. As crianças são todas como Marcel: têm cabelos escuros e se bronzeiam depressa. Eu, de pele clara e loira, estou em minoria, que não deve fazer fita. Portanto, eu mesma devia ter pensado no guarda-sol, pois ninguém mais precisa dele. Mas, em compensação, tive de pensar nos bichinhos de pelúcia dos gêmeos, na camiseta predileta de Katja, no boné de beisebol de Marcel. Eles não são minoria, eles são a minha família.

A areia embaixo da toalha de banho faz pressão e não é muito confortável. Quando me deito de costas, o sol me ofusca demais, quando deito de barriga para baixo, fico com dores nas costas. Quando me sento, dá para ver a minha barriga; gêmeos não fazem muito bem à silhueta. Meu maiô é novo, comprei na semana passada. Para encontrá-lo precisei procurar muito. Ele tem enchimento no busto e um corte que proporciona uma boa figura. Enquanto se fica em pé com ele. Talvez eu deva comprar um pareô colorido, que eu poderia drapear levemente por cima... Marcel diz que estou maluca, que eu tenho um corpo bom. Mas quando eu vejo como as francesas são chiques usando seus biquínis muito seguras de si mesmas... nunca consegui fazer isso.

Christine e Felix estão brigando. Agora começa tudo outra vez. "Mãeee, o Felix fez...!" Não, isso não é verdade! "Ai, me deixem em paz. Vocês também têm o papai, vão se queixar para *ele*. Eles me atormentaram uma semana. Eu tinha tanto o que fazer para preparar as férias e os garotos só ficaram choramingando. Quando finalmente íamos sair, "Eu quero levar isso, eu quero aquilo. Mamãe, eu coloquei uma coisa na mala." Manchas de massa de modelar nas camisetas recém-lavadas na mala. E Katja: ela tem doze anos e nenhum menino vai se virar para olhar para ela, se ela não puder finalmente usar esmalte de unhas. E eu não posso colocar *já* os seus shorts na mala, ela ainda precisa deles. Lave-os você mesma, eu disse, quando os shorts ficaram sujos outra vez. Eles não foram para a mala. Mães também precisam se vingar, de vez em quando. Ela ainda não percebeu. Quando perceber vai haver gritaria, e isso me fará bem. Seja como for, eu sou a mãe má. Portanto, o que tenho a perder além do meu mau humor?

Tenho sede, mas a água já está totalmente quente. Eu trouxe um pouco de frutas, vai haver protestos outra vez. Não temos nenhum doce? Ele só derrete e faz porcaria. Seja como for, eu faço tudo errado, não importa o que eu faça.

Christine precisa ir ao banheiro. "Mamãe, vem junto!" "Vá com o papai", eu disse. "Ele está brincando com o Felix." "Vá com Katja." Katja olha irritada. "Eu não sou a babá", ela diz. Estou cansada demais para discussões. Pois bem. Vamos. A casa fica apenas a 100 metros atrás das dunas. No jardim há três grandes pinheiros, a grama está ressecada. Christine senta-se na privada. Eu ando pela casa. O banheiro é pequeno, pequeno demais para cinco pessoas, eu acho. Três dormitórios, escassamente mobiliados. Cama, armário, cadeira, muito poucos cabides. Os gêmeos discutiram imediatamente quem pode dormir em qual cama. As camas estão à esquerda e à direita da janela, entre elas um tapete de retalhos, qual a diferença? Katja gostou do seu quarto. É claro, ela transforma cada quarto numa caverna de tarecos, ela tem talento para isso. Bem, e esta é a cozinha em que terei de cozinhar durante três semanas: um monte de panelas velhas, provavelmente trazidas da casa do dono da casa de férias. As tampas não combinam. A frigideira é torta e está arranhada. Um faqueiro barato de acampamento está espalhado numa gaveta. Uma geladeira de vinte anos. Quanto à louça, nenhuma peça combina com as outras. Nenhuma faca é afiada. Que beleza! Na sala de estar uma mesa de jantar redonda, dois velhos sofás, uma cristaleira antiga de uns cinqüenta anos com uma coleção de xícaras. E a casa sequer é barata. O que a minha amiga Brigitte estava pensando ao nos recomendar essa casa? Será que ela cultiva um ódio secreto por mim?

Christine quer que eu veja se o seu traseiro está limpo. "Examine você mesma", eu disse, "daqui a três semanas você vai para a escola. Quem você pensa que vai fazer isso lá?" Ela fica emburrada. Ela sabe que consegue fazê-lo. Eu não quero mais limpar nenhuma bundinha de criança, isso não tem nada a ver com amor maternal. "Você consegue voltar sozinha para a praia?", perguntei. Eu não quero ir mais. A areia, o calor, minha pele já está queimada. Logo no primeiro dia. Droga. O fator 18 não foi suficiente.

Quero ir para casa e ficar sozinha.

Meio período. Correto. Hoje é meio período.

Deito-me de olhos fechados na duna e aproveito. Os gêmeos brincam na areia com rara união e trabalham com a pá contra a corrente. Katja encontrou uma amiga alemã que também está aqui de férias com os pais. As duas ficam juntas o dia inteiro, situação ideal. E nós que estávamos com medo de que Katja se entediasse. Em caso de dúvidas só precisamos entreter Felix e Christine. Logo depois que chegamos eu peguei um resfriado forte: durante quase três dias me senti muito mal. Clima magnífico e eu aqui doente. Mas tão depressa como veio o resfriado acabou e a constante advertência de Marcel aos filhos para que me deixassem em paz — a mamãe não está se sentindo bem — deve ter criado raízes. Pelo menos, não fui mais chamada para ir ao banheiro. Eles vão para a praia sem mim. Katja limitou-se a dizer: "Ah, esqueci os meus shorts". E faz ofertas voluntárias para ajudar na organização da casa, para que possa sair mais um pouco sozinha com Nicole à noite. Realmente surpreendente.

Aqui na duna está agradável. O vento acaricia suavemente a minha pele e faz as canas de capim duro rumorejar baixinho. Marcel está deitado ao meu lado e lê; de vez em quando ele me acaricia um pouco. O mar murmura dando sono, magnífico. Talvez logo eu leia um pouco, talvez não. Para hoje não há mais deveres a cumprir. Mas o que são deveres... fazer um pouco de compras, isso até é divertido. Aqui há um pequeno mercado. Tudo o que é oferecido ali parece tentador. Verduras coloridas, azeitonas, peixe, ostras, baguetes, pequenos queijos de cabra temperados. De preferência gostaríamos de levar um pouco de tudo. Visto dessa maneira, a França não é boa para a silhueta. Mas para quem essa vida ruim tem utilidade?

Agora sopra um pouco de vento. O posto de salva-vidas não está longe daqui e ali as bandeiras crepitam ao vento. Meu Deus, como estamos bem. Como eu me sinto bem.

Se eu me sinto bem?

Mas que pergunta é essa? Tola. É claro que estou bem. Com certeza. Ótima!

Por que então tenho a sensação de que acabo de despertar de um sonho agradável? Eu me viro de costas, me apóio nos braços e olho para o mar. Nada se modificou nos últimos trinta segundos. E antes dos trinta segundos eu me sentia deslumbrante. A sensação era de que... realmente parecia irreal que eu me sentisse tão bem. Seja como for tudo correu tão bem, que eu quase me esqueci o que é normal. Isso, ao menos, não é. Isso são férias e não a vida real. O momento raro em que recebo atenção porque estou ou estava doente, esse passou depressa. Então sou outra vez a mamãe, disponível para tudo, a mamãe de quem se duvida, e contra cujas decisões se protesta. Ela, aquela que nunca faz nada direito, que sempre trata alguém injustamente. Aquela a quem se deve perguntar sobre tudo e sobre todos, que podemos responsabilizar sobre tudo e cada um, à qual sempre se pode atribuir a culpa.

Agora não estou mais com vontade de ficar deitada aqui; o agradável deslumbramento não funciona mais. Quando eu me levanto, Felix grita: "Mamãe, você vai para casa? Você me traz algo para comer?" — "Não", eu respondo, "eu vou ficar lá, não volto para a praia." Ele continua brincando. Quando ele mesmo tem de buscar alguma coisa, de repente ela não é mais tão urgente. Marcel se espreguiça. "Você vai embora? Precisa de alguma coisa?" "Sim", respondo. Calma para pensar. Mas isso eu não digo, senão ele se sente como eu, ele fica desconfiado, sente-se mal. Tolice. "Eu tenho de pensar", eu digo por fim. Ele olha para mim. "É algo ruim ou não?", ele pergunta. "Eu ainda não sei!" — "Então me conta quando você descobrir." "Não é que Marcel fique indiferente quanto ao modo como me sinto. Eu já lhe direi algo, quando "sentir alguma coisa". Na maioria das vezes eu não digo nada. Talvez esse seja o erro.

Tudo isso deveríamos poder conservar: o sol quente sobre a pele, o leve cheiro de maresia do vento, o murmúrio do mar, o grito das gaivotas. Deveríamos poder encher um pote como fazemos com a marmelada, levar junto e, mais tarde, em casa, quando tudo estivesse realmente cinzento, o humor estivesse péssimo e os sentidos cansados, então poderíamos buscá-lo, abri-lo e extrair dele o sentimento de satisfação. Uma espécie de remédio. Isso seria bonito.

Amanhã de manhã voltamos para casa. Hoje à noite faremos as malas, mas até lá ainda há bastante tempo. "Aproveitem muito bem o dia", Marcel havia dito. Os gêmeos querem construir um dique gigantesco. Katja e Nicole querem passar cada minuto juntas, querem escrever uma para a outra, não querem deixar sua amizade esfriar. Marcel se deitará ao sol, "como reserva", diz ele, "que baste para passar por todo o inverno".

E eu? Eu vou encher o meu pote de conservas. Realmente é muito bonito aqui. Brigitte tinha razão. A casa, entretanto, é pequena e simples, mas também não dá nenhum trabalho. Até mesmo o caos colorido das louças foi divertido, cada um tinha sua louça predileta, inclusive eu. Uma xícara fora de moda, cor de creme com minúsculas florzinhas espalhadas e uma borda azul. As cores já um pouco emaciadas devido ao muito uso. Eu vou levá-la comigo. Vou comprar uma nova no supermercado, nesse caso trata-se de uma troca, certo? E em casa vou tomar café com muito leite nessa xícara e pensar nos *croissants*, mesmo que não tenha nenhum.

Eu comprei um biquíni novo para mim, depois de seis anos. Quando observamos as mulheres na praia durante três semanas, constatamos que elas são parecidas conosco. Que figuras! E apesar disso elas usam biquínis. Eu seria doida se continuasse a me esconder no maiô. Em casa vou emagrecer e ir nadar. Não porque nadar é muito saudável. Mas para eu não perder a coragem de usar o meu biquíni. Para ver as gordas na piscina e não as magras no catálogo.

Nunca mais vou limpar bumbuns de criança.

Eu não vou me incomodar com as roupas e a organização da casa quando voltar.

Vou me inscrever num curso de francês.

A cada dia vou me conceder uma hora de pausa para tomar um café na xícara de florzinhas azuis. E no próximo ano vou viajar outra vez nas férias, mesmo que de início não esteja com vontade.

Helga Braun

Sayonara, Japão

Até logo, nipônicos, com as suas mulheres amorosas, curiosas, tagarelas e, ao mesmo tempo, prestativas para a *gaijin* — a estrangeira.

Vocês me acompanharam durante horas pelas cidades, apesar de vocês mesmas não conhecerem o caminho. Na chuva torrencial vocês acenaram por tanto tempo na beira da calçada até o motorista de táxi parar e me levar! Lida digna de confiança na pequena povoação em Inaka — na terra inculta — eu só percebi depois, quando vocês me observaram exatamente durante semanas. Como a estrangeira se adaptará a nós, ela será amável ou reagirá de modo pedante?

Só quando tiveram certeza de que era possível conviver comigo, as minhas vizinhas, cujos maridos trabalhavam todos para a mesma empresa japonesa, falaram comigo em inglês. A língua conetiva possibilitou longos diálogos com as mais diferentes mulheres. Por que tive de me atormentar por tanto tempo gaguejando o meu japonês? Eu já tinha dificuldades suficientes com duas crianças pequenas num país estrangeiro, além disso, abençoada com um marido que dirigia uma construção durante vinte e quatro horas por dia e que me pediu para poupá-lo das minhas necessidades cotidianas.

Eu descobri que a barreira da língua é útil para manter distância dos estranhos. Quem tem conhecidos íntimos ou amizades no Japão, assume certa responsabilidade duradoura pela outra pessoa, não pode perder ou romper repentinamente seu relacionamento sem motivo importante e sem perder a honra. Por isso nada de pressa excessiva. A impaciência européia aborrece.

Para celebrar a cerimônia do chá, para contemplar um rolo de pintura, um jardim ou uma única flor é preciso tempo. Eu aprendi a ter esse tempo, um momento de silêncio no decurso apertado do dia-a-dia.

Sayonara, seus templos em sua beleza séria, com linhas claras, com o jardim sem flores, e os pessegueiros em flor em maio. Eu vi como um homem constantemente regava com água os pedregulhos na frente de um templo, para que eles brilhassem ao olhar do observador. Para muito comprador, uma pedra dessas vale um par de milhares de euros. Ele a faz transportar para o seu jardim e a coloca de tal modo como se a natureza a tivesse colocado ali.

Como as minhas amigas japonesas, eu tranqüilizei os meus nervos com a harmonia do jardim verde; da janela do templo eu admirava a geometria de um jardim ancinhado de pedregulhos que estimula à meditação. Como viajantes japoneses, que se concedem um par de dias de férias curtas, viajei para longe para usufruir a pompa das folhagens do outono e a magia dos pessegueiros em flor. Eu me banhei sob as risadas das minhas companheiras de sexo nas fontes quentes em Kyshu e dancei, cantei e festejei com vocês, minhas amigas, nas festas populares. Na verdade, só depois que encontrei uma guardiã temporária para o meu filho mais novo. A responsabilidade de cuidar de duas crianças era muito grande para a babá. Por isso o meu filho mais velho me acompanhava em minhas viagens curtas e emagreceu perceptivelmente, visto que eu era mais incansável do que as japonesas amigas de viagens.

Nunca consegui me acostumar como vocês, aos montes de lixo perto das casas, aos sistemas abertos de canalização fora da cidade, que fedem infernalmente no verão, aos restos da civilização nas praias e até no Fuji-san — a sua montanha majestosa. Para a concentração japonesa no essencial é preciso viver mais de um ano no país anfitrião. Mas ainda hoje eu tiro os meus sapatos antes de entrar na minha casa ou na dos outros, eu me inclino em vez de apertar as mãos, e gosto de usar um quimono em casa.

Sayonara, escolas japonesas com dia de visita para os pais, adeus educação musical e esportiva mesmo para os da primeira série. Depois de quatorze dias de aula na sua classe, meu filho mais velho sapateava como um espanhol com as suas castanholas, que faziam parte do equipamento básico. Ele também já podia tocar uma canção na gaita. Quanto eu admirei a colaboração dos pais para a escola e o jardim-de-infância, desde a construção de uma praça esportiva, passando pela renovação da escola até a construção de uma nova piscina em trabalho comunitário particular depois do fim do trabalho diário, porque os recursos do Estado não eram suficientes. Quanto eu os invejei pela uniformidade do seu plano de ensino e dos livros de escola em todo o país, um contraste com o caos de meios de aprendizado que jorra sobre os professores e alunos na Alemanha. Como eu fiquei contente com o fato de a mochila do meu filho ter pouco peso, porque em todas as partes da escola há lugares para guardar os livros, o material esportivo e os sapatos.

Sayonara, trabalhadoras japonesas com aventais brilhando de limpeza, camponesas, pescadoras e capitalistas com as costas curvadas, mas com a força inquebrantável dos seus corações. Até logo, todas as mulheres que possibilitaram o milagre econômico no Japão. Buscadas quando precisavam de vocês, devolvidas ao lar quando os homens deviam ocupar o seu lugar. Como empreendedoras independentes vocês puderam comprovar o que a sua força e inteligência pode realizar. As que ficaram para trás ainda as xingam de "guardiãs de lojas", quando encontram a felicidade sem um marido na vida. Para vocês, mulheres, muitas vezes bastam bem os trabalhos inferiores e os mais mal pagos.

Além disso, eu me diverti com as gueixas, as anfitriãs, com as prostitutas que "vendiam a primavera". Raras vezes encontrei uma mulher sem certa dignidade. De onde vocês tiram o seu charme, que sempre me encanta, apesar do seu fardo; essa amabilidade natural, que penetrou nas camadas endurecidas do meu ser? Sob a superfície dos seus rostos que parecem harmoniosos senti a tensão à espreita. Sobre as suas costas os políticos corruptos que ficaram ricos carregam os fardos de uma legislação social incompleta. A sua repressão por uma sociedade feita para o homem e sempre para o homem, deveria levar às explosões e, no entanto, é agradável viver com vocês. Vocês ainda se lembram da estrangeira que sorria quando vocês sorriam, que como vocês, se inclinava cem vezes por dia, que andava depressa pelo povoado para fazer as compras diárias dobrando um pouco os joelhos para ficar perto de vocês e não parecer um corpo estranho inacessível?

Uma parte do meu coração ficou com vocês, mulheres japonesas. Com pequenas exceções vocês lidam, cuidadosamente, com o excesso de tecnologia e uma medida ameaçadora de poluição ambiental mundial numa ilha superpovoada.

Estou na escada rolante de uma loja alemã, observo os rostos duros e indiferentes dos meus conterrâneos e, de repente, lágrimas de saudade me vêm aos olhos.

Gudrun Schilken

A xícara de café depois

Pois bem. A família sai de férias. A mãe tem de ir também.

Isso quer dizer: organizar e lavar, lavar, lavar. A transferência do lugar de trabalho da mamãe precisa ser cuidadosamente organizada. Quem rega as plantas e pega as cartas na caixa de correio? Quem precisa de um brinquedo e quem não precisa? Quantas camisetas e pulôveres; botas de borracha, sim ou não? Caos na cabeça, pudim nas pernas. Correr pra cá e pra lá. Bronzeador, filme, moeda estrangeira... ah, não, o Euro.

Onde eu parei? Ah, sim, nas botas de borracha.

Se o constante gozo antecipado das crianças pelas férias fosse menos perceptível... Infelizmente, a alegria se transforma seqüencialmente em choro sem motivo e em perguntas gritadas: quando vamos afinal? O cabeça da família infelizmente ainda tem muita coisa para resolver no escritório. Os filhos grandes esvaziam seus armários e despacham quantidades enormes de roupa suja dos cafundós dos seus quartos. A máquina de lavar suspira, a secadora geme. Aparelhos eletrônicos especialmente asquerosos desanimam nessa época. Também é bonito.

As capas de chuva subitamente mofaram no armário e têm de ser substituídas por outras; o mesmo vale para os calções de banho e as camisetas.

Fazer as malas — uma verdadeira delícia. Colocar o necessário na mala. Para cada filho isso significa algo totalmente diferente. O filho do meio precisa somente de uma cueca e de uma camiseta e de um agasalho para todo o período das férias. O filho grande precisa de sessenta cuecas e de cento e cinqüenta camisetas para uma semana. O filho menor precisa de uma calça para brincar na lama, de um calção de banho e dos patins. Pode-se sentar sobre eles e observar o mar. Assim são as coisas. Nenhuma das crianças precisa de escovas de dente. É claro.

E a mãe? Ah, essa é muito modesta. Ela usa o cantinho da mala que ainda sobra e aperta seu par de coisinhas ali dentro. Será que é preciso levar aventais e panos de prato? Ou viajamos corajosamente sem eles? E as luvas de borracha?

O cabeça da família faz a mala — a mala dele, naturalmente. Símbolo de *status*.

Agora a coisa é séria. A família parte sonolenta, em geral por causa da febre da viagem e da noite maldormida. Primeiro, calma no carro. Bocejos. A borboleta no estômago da mãe se agita levemente. Será que dessa vez haverá férias também para a mãe? Como dona de casa é preciso nunca desistir da esperança.

Depois de duas horas de viagem de carro tudo está esquecido. As crianças estão acordadas. Elas têm fome, sede, precisam fazer xixi, estão entediadas, quando chegarão afinal e o pé do pai adormeceu sobre o acelerador. A mãe oferece pães, derruba café nas calças do pai, grita para trás, sorri para a frente, distribui maçãs e não deixa perceber o seu desagrado. Novamente a atraíram para a pista errada e lhe prometeram férias. Mas trata-se somente da mudança do lugar de trabalho. Como era lindo antigamente, férias... sem filhos. Suspiro. Refletir. Sonhar. Sentados de mãos dadas no avião fazendo carinhos e alegres pelas férias comuns — e olhando de esguelha, sorrindo um para o outro felizes, para a pequena família simpática ao lado com o doce bebê. Logo também teremos um desses. E, na praia, parecendo extasiados, construíamos castelos de areia com crianças desconhecidas. Sim, sim, é assim que deveria ser. Nós dois — uma família feliz com filhos simpáticos... acabou o sonho. A realidade está sentada no carro. "Me deixa em paz" — "Mas eu não fiz nada"

— "Esse é o meu lugar, tira o cotovelo daí" — "Seu idiota" — "É você" — Será que isso não vai ter fim?

As horas passam, as temperaturas aumentam. Os nervos se estraçalham. E quando se está quase chegando a um massacre, finalmente o objetivo é alcançado.

Verão, sol, praia. As crianças estão radiantes e ajudam a desfazer as malas e a carregar as coisas para dentro. O pai assobia. A mãe cantarola. Está tudo bem. Exclusivamente o mesmo trabalho em outro lugar? Ah, deixa disso. A vida é mais fácil no sul. Um pouquinho de tarefas domésticas nas férias. Quem desejará ser tão mimada? Todos ajudam. Ou será que não? É claro que a mãe também tem férias. Só não tem férias do eu. A mãe continua mãe. Talvez um pouco mais corajosa. Cozinhar com flores nos cabelos?

Mas depois, quando os belos dias se acabarem, então vem o castigo: montanhas de roupas precisam ser lavadas e passadas. As lembranças de férias têm que ser guardadas, dadas à vizinha amável, os avós devem ser informados da feliz chegada. E como sempre... "sim, o tempo estava bonito". Ou não.

E então... então, vem a verdadeira recuperação. Quando todos estiverem novamente no trabalho, na escola, no jardim-de-infância (coitados daqueles que têm crianças muito pequenas), depois que a roupa estiver arrumada corretamente no armário, então sim... nos sentimos bem como uma porca, tomando uma xícara de café com uma amiga querida e ficamos contentes por termos sobrevivido mais uma vez às férias e porque não vamos abandonar a nossa família.

Tina Wiegand

Take it easy! **Mas nem sempre!**

Minha vida se divide em duas fases, exatamente em a.Ps e d.Ps, sendo que a.Ps. significa "antes dos psicoterapeutas" e d.Ps significa "depois dos psicoterapeutas". A era dos a.Ps me deu um considerável número de histórias e experiências, que me trouxeram aos olhos a ampla e inquestionável necessidade de tratamento do mundo — isso sem falar do meu próprio tratamento. Assim, posteriormente, decidi aproveitar a minha licença-maternidade para fazer a viagem de aventura rumo à psique, nada mais do que a conclusão lógica da história da minha vida. Os quatro anos que passei em Los Angeles foram um marco essencial no processo:

Num dia quente de verão visitei pela primeira vez um ginecologista na minha nova pátria por opção, Los Angeles.

A auxiliar me cumprimentou com a amabilidade típica e me levou imediatamente à sala de exames com o pedido de me despir. Eu teria preferido encontrar o médico estrangeiro primeiro vestida, como estava acostumada a fazer em casa. Mas estava firmemente decidida a adaptar-me aos estranhos usos no país das possibilidades ilimitadas e a aprender a "ficar fria".

Portanto, obedeci.

Não havia cadeira de exames, como na Alemanha, mas somente um catre. Portanto, me sentei nele, deixei minhas pernas balançando e me esforcei, apesar da minha nudez, a usufruir o frio do aparelho de ar condicionado. Foi fácil, simplesmente fácil!

E então aconteceu:

Com um temperamento que teria no mínimo provocado um furacão de 7 graus na escala Richter de um sismógrafo, o Dr. Rübezahl, um homem de dois metros de altura, entrou correndo no aposento. A meu ver, dois olhos azuis como aço se abriram de puro espanto e o rosto coberto de sardas ficou muito ruborizado. Ele se virou nos calcanhares e fugiu para longe, simplesmente atropelando sua assistente, que mal chegava à altura das suas axilas.

Assustada e um pouco confusa olhei para o meu corpo de vinte e quatro anos. Seria ele tão horrível?

O olhar da assistente, cujo penteado sofrera visivelmente com a trombada dada pelo seu chefe, estava inclinada a me tirar o resto da compostura. Com uma atitude decidida, que lembrava os órgãos de execução das bruxas durante a Inquisição, ela correu até mim, pegou uma das toalhas brancas que estavam sobre o catre e a jogou sobre o meu colo. "Vista-se", ela ordenou e desapareceu batendo a porta.

Como num transe fiquei olhando fixamente para a porta. Primeiro tirar a roupa, depois vestir outra vez — alguma coisa aqui era totalmente ilógica. Obediente, eu desdobrei, procurando me acalmar, o pano branco, que revelou ser uma camisa cirúrgica. Sem saber o que fazer, eu a girei de um lado para outro... Bem, supostamente, a abertura é na frente. Afinal, esse seria um exame ginecológico, em que parecia adequado que o médico pudesse ver algo... Portanto, vestir a bata alada e amarrar as tiras embaixo do queixo.

Dessa vez eles haviam conversado. A assistente olhou cuidadosamente pelo canto para ver se estava tudo em ordem. Minha visão fê-la vociferar histericamente. "Não, não, não, não é assim!" Impaciente, ela me arrancou a camisa do corpo. Portanto, a abertura era atrás? "Deite-se!" Como se estivesse sendo controlada pelo controle remoto eu obedeci. Ela pegou um segundo pano enorme, esticou-o sobre mim e começou a prendê-lo embaixo do meu corpo.

Compreendi de uma vez! Ela me confundiu com alguém que deveria ser operado. Infinitamente aliviada, por ter entendido o significado desse comportamento memorável, eu gritei: "Desculpe, mas estou aqui simplesmente para fazer um exame!"

Ela sentiu falta de ar, como uma carpa que tivesse se jogado sem aviso prévio na margem seca do rio. "Sim, o que acha que isso aqui é? Um *peep show*?"

"O que...?"

A porta foi batida com estardalhaço. Meu sorriso de alívio transformou-se numa careta tola, que se fixou no meu rosto como se eu estivesse emparedada. Eu estava deitada ali, embrulhada como um casulo, e para mim era inteiramente misterioso como seria examinada nesse estado. "*Easy*!", pensei e me esforcei por manter meus dentes que chocalhavam sob controle. "*Take is easy*!"

Com o mesmo impulso de antes o Dr. Rübezahl entrou no aposento, seguido pela sua assistente, o gênio mau. Ele era realmente um gigante. De um golpe comecei a rezar para não ter errado de porta e tentei me lembrar do que estava escrito na placa na frente da campainha que eu havia apertado. Tomara que eu não esteja no departamento cirúrgico de um cirurgião plástico, que opera todos os narizes com que se depara no formato de Michael Jackson, sem prestar atenção à pobre alma do ser operado, bem entendido.

Com uma expressão facial despreocupada fingida o doutor começou a tatear os meus seios com as suas mãos, que fariam honra a uma tampa de privada, primeiro através do lençol e finalmente através da camisa cirúrgica. O homem se comportava quase como um médico verdadeiro — mas o fato de ele manter o olhar fixo na parede acima de mim atrapalhava a sua impressão profissional — ao menos de acordo com a minha avaliação.

Finalmente o mesmo procedimento detalhado a partir de baixo — só que dessa vez, ele revolveu embaixo do pano com o seu maciço tronco também.

Imóvel, como uma estátua, o gênio mau estava de pé ao lado dele e não tirava os olhos de mim. Apesar disso, devagar a irrigação sangüínea voltou aos músculos do meu rosto, e esses sinalizavam a disposição de se submeterem outra vez às minhas ordens. Finalmente eu estava em condições de fechar a minha boca. Eu apenas não tinha controle sobre o tom rouco desesperado na minha voz. E assim só pude sussurrar: "Com os diabos, o que o senhor está fazendo aí?"

O rosto ruborizado do Dr. Rübezahl retrocedeu e saiu debaixo do pano. Dessa vez o meu olhar o fez dar um sorriso paternal tranqüilizante, e com voz suave ele explicou que esse era um exame ginecológico e que eu não devia ter medo de nada, pois tudo o que ele fazia era necessário num exame desse tipo!

Ele era maluco ou eu?

Um misericordioso golpe de adrenalina salvou-me da minha estupefação. "Que o senhor não esteja procurando ouro debaixo do pano, isso eu aceito — mas o senhor não pode ver nada!" Agora eu ralhava perplexa, enquanto eu usava o típico *"fuck´n"* californiano sempre que me pareceu adequado.

Ele parou de repente, antes de puxar sorrindo encabulado uma lanterna de bolso, estendendo-a para mim, como se quisesse dizer: "veja só que raposa eu sou". Consternada, olhei para a lanterna. "Há dez anos eu me submeto anualmente a um exame ginecológico. Mas este é o mais deslavado que já vivi!", eu disse venenosamente.

Agora ele olhou surpreso para a sua lanterna. "A senhora já... como assim, deslavado?" Isso foi demais, agora chegou a minha vez. Eu tinha outra vez o controle da voz e comecei a esbravejar. "Primeiro me embrulha como uma múmia e depois entra com uma lanterna na estação de mergulho. Isso é deslavado. Agora finalmente me insira a espiral e me deixe ir para casa!" Isto é, era o que eu queria gritar. Mas na minha confusão total, sem me aperceber disso, eu havia trocado o conceito inglês "IUD" (aparelho intra-uterino) pelo conceito "HBO" — o nome de um canal a cabo norte-americano. O que se seguiu foi um silêncio em que dava para ouvir um alfinete cair.

Agora era ele que procurava manter a calma. Com um movimento de cabeça ele mandou o gênio mau sair do aposento, que, pela primeira vez, fechou a porta em silêncio atrás de si mesma. Então ele sentou-se perto de mim, acariciou-me o rosto e me perguntou com cuidado se eu sabia que dia era hoje. Ele realmente me considerava maluca e examinava o meu estado mental — eu já estava vestindo a minha camisa de força de casulo. Eu já estava sendo pressionada pelo antigo "*I wanna go home*" [Quero ir para casa], mas nessa situação ainda me abstive do impulso de cantar. Em vez disso eu sussurrei um desalentado: "Na Alemanha os médicos fazem isso de modo bem diferente!" E, por fim, consegui compreensão na metódica situação. Ele não havia compreendido que eu era estrangeira.

Só agora eu descobri que a legislação norte-americana proíbe examinar pacientes nuas. A assistente nem em sonhos pensou que eu aceitasse literalmente o seu convite para me despir. O pensamento de que pode haver risco de abuso sexual da parte de um ginecologista nunca me viera à mente. Mas nos EUA há alguns processos contra ginecologistas, porque norte-americanas inexperientes não haviam contado com que um exame ginecológico se relacionasse também com o interior da sua vagina.

E assim eu aprendi que consultas a médicos em Los Angeles não devem ser consideradas coisas que em nenhuma circunstância se deva levar com calma.

Essa postura era muito mais esperada quando se tratava da avaliação de inconvenientes políticos ou sociais — e isso deixou meu sistema de valores totalmente de cabeça para baixo. A crítica ao governo, a destruição da boa disposição, a recusa de *joints* em festas, que não se deixavam agarrar por não serem producentes, e a ruptura da pressão pelo bem-estar estavam totalmente por fora dos meus sinais de mercado depois de pouco tempo.

Junto ao meu marido continuo gozando da liberdade dos tolos. Criei a nossa primeira grande crise conjugal quando quis impor minha concepção alemã de juízo diante da nossa considerável falta de dinheiro. A uma importante recepção no "Pimps", eu fui dirigindo o meu Volkswagen prateado, de nome Bubbleporsh, em vez de reservar uma cara limusine de luxo. Pela primeira vez desde que o adotara, nessa noite Bubbleporsh não se comportou bem, e chamou a atenção com algumas falhas apimentadas da ignição, é claro, diretamente no estacionamento do nobre local. Desse modo cuidei para que toda a casa que estava esperando um ataque militar russo se reunisse. Um ataque desses poderia ser tolerado, mas a visão do meu carro barato, do qual com toda a abundância saiu uma galinha em traje de gala, exatamente eu, e que ainda ousava rir às gargalhadas — isso era demais.

E assim eu aprendi: mesmo em caso de carência aguda de dinheiro, o *understatement* está totalmente por fora e não deve ser aceito com calma em nenhuma circunstância.

O meu sogro era um diplomata alemão. Na minha opinião, a diplomacia era um presente magnífico para a humanidade. Na minha fantasia os diplomatas eram pessoas sábias, bondosas, que conheciam as mais diferentes mentalidades da Terra e com tolerância e educação impediam a guerra no mundo. Isso em teoria. Eu estava impressionada, até que os conheci. Um ou outro milhão ou um nome da nobreza me deram acesso seguro a essa família. Perplexa, reconheci que a paz mundial estava nas mãos de ordens e fachadas enfeitadas de diamantes, que, levada pelos fios invisíveis da etiqueta, se movimentavam como marionetes em inúmeras recepções que envolviam quantias imensas. Onde estava a diferença com Hollywood? Todos desempenhavam um papel, o dinheiro conta aqui como conta lá, assim como o nome. Aqui enobrece uma rainha, lá um importante produtor cinematográfico. Todo o cenário é uma instituição ridícula fingida. A maioria dessas pessoas se destacou por um disseminado analfabetismo emocional; em todo caso eu poderia atribuir-lhes a irresponsabilidade, que reconhecidamente podia aparafusar a medida de castigo para condições mais suaves.

Depois de quatro anos meu marido capitulou diante da minha disseminada resistência ao aprendizado no que se referia a manter a calma ou não. Meu comportamento estava totalmente por fora, de modo que prejudicava os negócios e não foi possível evitar por mais tempo uma separação. Como o reconhecimento dos seus pais dependesse da conta bancária, e sua auto-estima do reconhecimento dos seus pais, eu peguei os meus tarecos e voltei aliviada para a Alemanha.

O tempo para o d.Ps ainda não estava maduro e assim eu caí do beiral na chuva. Mas isso eu conto em outra ocasião.

Pensar com os ovários

Marie Theres Kroetz-Relin

Cérebro, você pode continuar a dormir

> *"Tudo o que nós admiramos e respeitamos na verdadeira mulher como feminino só depende dos ovários."*
>
> *Rudolf von Virchow,*
> *Cientista e médico, 1821-1902*

"*Vocês estão preparadas? Nós começamos a produção!*" — "*Sim!*" Ela está com quinze anos. "*Então vamos logo!*" E pela primeira vez ela estava totalmente apaixonada. "*Agora ela já olhou outra vez o tipo nos olhos.*" — "*Eu percebi. Vibrou muito. Ah, ah!*" Ela estava na puberdade. E apaixonou-se ainda mais vezes. "*Nada, outra vez. Podemos jogar fora também este mês.*" Na puberdade ela era muito difícil, todos disseram. "*Eles sempre empurram tudo para nós.*" Ela transformou-se numa jovem mulher. "*Homem, é esse, eu lhe juro!*" Ela aprendeu a conhecê-lo. "*Esforcem-se para que ele saiba para o que nós servimos!*" Ela amava, mas fazia prevenção. "*Droga, ela quer nos apagar. Derrama o seu sentimento total sobre nós e quer nos paralisar!*" Ele a abandonou por causa de outra mulher. "*Mulher, logo não vou mais suportar a tensão!*" Ela sentia-se só e tinha saudade. "*Se ela continuar assim, eu fico doente!*" Ela deixou de tomar a pílula, afinal não fazia sentido. "*Ei, nós temos outra vez um direito de opinar. Apressem-se, temos uma tarefa!*" Então *ele* entrou na vida dela. "*Apressem-se!*" Ela estava feliz e engravidou. "*Festa! Nós conseguimos. Ela pensa através de nós e, conseqüentemente, ela pode nos entender!*" Ela gozou a gravidez. "*Homem, isso é classe. Nove meses de sossego e ninguém nos faz perguntas sobre o sentido da vida. Nós somos o sentido!*" Ela teve o seu bebê. "*Atenção. A autora está com as dores do parto. Por favor, desligar o resto do cérebro. Nós assumimos a coisa.*" Ela segura seu bebê nos braços e começa a chorar. "*Veja como nós somos importantes. Logo depois do parto ela se considera sem sentido! Por favor, começar com a produção de leite e com o recolhimento do útero!*" Ela amamentou. Era totalmente mãe. "*Se tivermos sorte, então ela fica satisfeita mais um momento, enquanto estiver amamentando.*" Ela queria mais um filho. "*Teve sorte, podemos começar com uma reedição! Acabou a questão da falta de sentido. Cérebro, você pode continuar dormindo.*" Ela estava no auge da energia vital e tinha uma tarefa. "*Que tempos tão tranqüilos! Só posso dizer que devemos aproveitar!*" Quando menstruava, ela ficava um tanto insuportável. "*Eu acho injusto que sempre nos atribuam a culpa!*" Ela ficava bastante só com os filhos, o homem viajava muito. "*Essa ainda nos seca. E então nos põem novamente a culpa. Motivação para iniciativa própria.*" Ela sentia vergonha por sentir desejo. "*Não é porque você é mãe que não pode divertir-se um pouco. Ao cérebro: Por favor, desligue os sentimentos de culpa! Obrigado!*" Ela queria ser feminina outra vez, não apenas mãe. "*Que ela também sempre tem de confundir tudo! Feminina ela é, de um modo ou de outro — Graças a nós!*" Ela flertou, só um pouco. Ele ficou com ciúme. "*Desculpe, quando o medo se intromete, nós ficamos impotentes.*" A vida continuou. Os filhos cresceram. "*Devagar podemos nos despedir. Eu acho que o fogo acabou.*" Agora ela está com quarenta e dois anos. "*Okay, agora nós a aquecemos mais um pouco ao nos despedirmos, para que ela saiba o que teve conosco.*" Ela não queria nenhuma menopausa, ela queria viver. "*Droga, ela tenta nos manipular, quer tomar medidas para prolongar a vida.*" Mas ela não suportou os hormônios. "*Venha, baby, mais uma última primavera e é tudo. Nós paramos a produção.*"

Ela sabia que tinha de modificar a sua vida. E começou a pensar.

"*Ovários ao cérebro: por favor, assuma!*"

Ela entrou na política e se adaptou.

Só com a ereção a coisa não deu totalmente certo.

Brigitte Hieronimus

O desejo das mulheres

Nada como a verdade sobre o desejo das mulheres maduras e o desinteresse dos homens imaturos! Ou, em outras palavras — será que se prenuncia uma nova revolução sexual? — Isso pode ficar divertido.

As mulheres sempre podem. Mas elas não são obrigadas. Essa é uma verdade. Os homens querem sempre. Mas eles não podem. Essa será outra verdade? Pois bem. Depende de como encaramos isso. No caso dele é principalmente uma questão do ângulo de ereção, que decresce aos poucos. Homens entre quarenta e cinqüenta anos lutam amargurados contra isso, andam ou pedalam em fuga, recusam-se a aceitar o fato ou consomem Viagra e têm um ataque cardíaco embaixo da amada, ou, ainda pior, concebem um filho com uma mulher mais nova e, então, na idade de serem avós têm de dedicar-se a um estábulo repleto de crianças. Pois, muitas vezes, a amada tem seus próprios filhos. Além disso, alguns homens gostam disso, pois acreditam que por serem idosos são melhores pais.

Você acha que eu estou exagerando? Que nos leitos conjugais a coisa não é tão ruim? Não, não é tão ruim porque ali não acontece mais nada mesmo. Um suíço acrescentou: o Natal é mais freqüente do que o sexo! Um alemão retrucou sorrindo: o sexo depois dos cinqüenta é mais cansativo do que escalar uma montanha! Por favor, a qual montanha se refere? Os homens na crise da meia-idade ainda giram em torno do Monte Eros como tolos e só raras vezes fazem a subida ao pico do prazer (espiritual). Eles cravam e batem para eliminar os chifres inexistentes e não percebem que o desejo sexual maduro significa algo muito diferente. É sobre isso que vamos falar aqui.

Quando somos jovens, os hormônios dançam e precisamos do desejo sexual para nos prendermos. Quando ficamos mais velhos, a alma quer ser acariciada, para que o desejo seja cultivado. Quando envelhecemos, digamos por volta dos quarenta, o desejo dos homens diminui mais depressa do que as mulheres pensavam. E, erroneamente, as mulheres acreditam que o desejo delas também fugiu. Mas isso não é verdade. Quando o melhor amigo do homem se torna flácido, fica fino e pendurado, isso não é sinal de impotência, mas um sinal de que não só a diminuição dos hormônios, mas o *stress* e o modo doentio de vida se mostra em primeiro lugar ali. O desejo da mulher pode aumentar durante a menopausa. Não se divulgou isso em todo lugar. Por que será?

A testosterona estimula a sensação de desejo e o impulso do ataque. Nos homens esse hormônio diminui por volta dos quarenta anos (eles se tornam mais sensíveis e deploráveis) enquanto que nas mulheres o teor de testosterona se torna mais nítido devido à diminuição do estrógeno. (Elas gostam mais dos conflitos e, se lhes fosse permitido, entrariam neles de cabeça.) É um conto de fadas inventado pelos homens de branco que as mulheres no climatério se divertem menos com o sexo e que podem tornar-se frígidas por causa da crescente secura das mucosas.

Pelo sacramento do domínio! Como esses velhos sacos que não passaram pela segunda primavera podem saber disso com tanta exatidão? Por um lado, a mulher também tem duas mãos sadias e de vez em quando pode prevenir a secura lá de baixo, por outro lado ela pode cuidar do seu desejo extraviado.

Na Idade Média o clitóris, o belo desconhecido, era considerado o órgão da reprodução e era tratado amorosamente pelos homens. Sexualmente, as mulheres ficavam totalmente satisfeitas e se dedicavam com alegria ao seu prazer. Em algum momento um médico reconheceu que ele é um puro órgão de prazer da mulher e determinou a sua remoção, visto que supunha haver uma relação com a histeria. O drama seguiu seu curso. O prazer foi roubado das mulheres. Aquelas que, entretanto, ainda o viviam, eram declaradas endemoniadas ou pecadoras. Mesmo na nossa época moderna uma mulher que dê ênfase ao prazer, ainda mais se for uma mulher de mais idade, é vista com desconfiança pela sociedade.

Quem se entrega ao seu crescente fluxo de desejo e cuida bem de si mesmo, pode renunciar a conduzir guerras de representantes.

Seja homem ou mulher, é altamente perigoso não fazer nada para a manutenção do prazer. Homens idosos fazem guerra na cerca do vizinho e no mundo lá fora, mulheres idosas no calor do ambiente doméstico. *Make love not war* [Faça amor, não faça a guerra]. Faz tempo, não é mesmo? A guerra dos sexos subliminarmente sempre foi uma guerra pelo poder sexual. E ela volta a ser assunto durante o envelhecimento.

Será que podemos esperar que homem e mulher se satisfaçam na cama quando eles têm necessidades diferentes?

Insuficiente na cama, o homem traça seus círculos no horizonte dos acontecimentos mundiais, enquanto a mulher extravasa a frustração da insatisfação na tampa aberta da privada.

As energias sexuais reprimidas e negadas das mulheres procuram um canal distinto daquele dos homens. Ambos sofrem, só que de maneira diferente. Muitas vezes um homem pratica violência quando força sexualmente uma mulher. Não se trata de desejo erótico, mas de poder, repressão e humilhação. Naturalmente há mulheres que não querem ter nada a ver com sexo, para elas ele nunca foi bonito, e elas também não conseguem imaginar que possa ser bom. Mas é estranho, quando justamente essas mulheres se retraem na época do carnaval, numa excursão para jogar boliche ou de cura. Por não desejar um homem.

Entre os quarenta e cinqüenta anos a vida sexual do homem e da mulher se modifica tanto, que alguma coisa pode ir mal e a pessoa perder o controle. Não se trata de arranjar um amante ou permitir-se ter um caso, mas de aceitar-se como mulher com sua potência em vez de negá-la ou sufocá-la. Isso envelhece antes do tempo, amargura e faz adoecer. Homens que se aposentam cedo demais gostam de balançar o cetro diante do fogão porque não há mais nada a fazer... *sorry*... infelizmente isso não é nenhuma anedota, mas a amarga verdade para muitas mulheres com as quais entrei em contato. Elas poderiam participar mais vitalmente da vida se lidassem honestamente com a sua formação moral que as impede de viver, em vez de brigar com ele junto ao fogão.

Em pesquisas sobre homens e mulheres sempre vem à tona a mesma coisa. Ela se aborrece por causa das meias sujas dele, que são jogadas perto do cesto de roupa, ele se aborrece porque ela não o olha mais com o traseiro. Ela resmunga que a tampa da privada está aberta, ele, que ela telefona demais. As mulheres acreditam que devem intervir na educação e se admiram quando vêem no marido um terceiro filho que se agarra às suas pernas. As mulheres se preocupam porque eles não têm um hobby, mas quando chega o dia X, se lamentam por ele ter arranjado um e possivelmente as deixa sozinhas em casa no domingo.

Há tanta coisa a fazer no mundo lá fora, justamente para as mulheres. Elas podem intrometer-se, misturar-se, engajar-se e fazer revoluções. Participar de uma sessão masculina (política) com um potente cérebro feminino, sem deixar-se pressionar, seria um verdadeiro desafio para todos os participantes. Preste atenção a quanto tempo é dado à mulher para falar em comparação com o dado a um homem. Nas rodas de conversa bandos de homens falam!

Por que a evolução cuidou de deixar às mulheres o seu prazer depois da menopausa e o tirou dos homens na andropausa?

Em conversas com as mulheres chamou minha atenção que o desejo das mulheres, que o querem sublimar, é um marco por si mesmo. As mulheres só não podem cometer o erro de caírem numa nova dependência por causa do desejo. Se ela deseja um homem, ela deve ser autônoma para não se lançar sobre as migalhas de pão oferecidas. Quanto mais velhas as mulheres ficam, tanto mais isso dá certo! Essa é a parte bonita de envelhecer.

Em todo caso, deve-se observar que as mulheres psiquicamente feridas, que sofreram abuso quando meninas, foram estupradas ou violentadas, muitas vezes têm uma relação perturbada com a sexualidade. Por um lado querem prender o homem junto de si por meio do sexo, por outro lado odeiam o sexo. Muitas ficam divididas em seus sentimentos e praticam o ato mecanicamente. Mas nenhum homem pode curar o que um outro destruiu. Quando os casais que arrastam um relacionamento arruinado atrás de si se juntam, raras vezes eles conseguem ter um relacionamento genuíno. Há homens que não confessam que ainda estão apegados à primeira esposa e não conseguem chorar a perda. Com essa estrutura depressiva não é possível manter a ereção. A nova mulher precisa ter conhecimento disso para não achar que a culpa é dela.

Ambos os sexos carecem de auto-estima quando ficam velhos e só poucos podem sublimar a sexualidade como santos.

Não existe nenhum motivo por que as mulheres não devam mais praticar o sexo depois da menopausa. Na maioria das vezes elas são o próprio impedimento. Naturalmente não é muito animador quando elas percebem como seus maridos se viram para olhar mulheres jovens e as traem ou abandonam por causa disso. Mas, na maioria das vezes, esses homens quase não conseguem praticar sexo com uma mulher madura que eles querem possuir e, portanto, um bode velho deveria deixar de dar os seus pulos. Ele não conseguirá agüentar por muito tempo.

A partir dos quarenta anos as mulheres percebem como o corpo se fecha, quando ela tem de dormir com um homem apesar do *stress* e da falta de carinhos psíquicos. Elas o fazem só por amor a ele e por causa do mau humor que resultaria da negativa. Um homem acaso faria isso? Você já experimentou fazer sexo com um homem totalmente indisposto e extremamente cansado?

No máximo a partir dos cinqüenta é o fim. As mulheres não deixam mais de adiar a solução quando os seus homens não as desejam e com passos arrastados e cuecas manchadas de xixi vão para a cama antes delas. No curso do relacionamento os homens amarrados muitas vezes perdem assustadoramente a vontade de fazer amor e não se incomodam nem um pouco em procurá-la outra vez. A andropausa faz com que o desejo também diminua no cérebro — e para não perceberem isso, eles ficam mais tempo no trabalho, ficam no sofá procurando algo em alguns canais, bebem e ficam bêbados demais — mas tudo isso não é nenhuma desculpa.

A mulher quer gritar: controlem-se homens magníficos e dêem um novo tipo de alegria. Quando as mulheres fortalecem os músculos de suas vaginas com treinamento da bacia, ambos têm alegria dupla. Caso os homens não queiram isso, eles não fazem parte do país das aventuras, mas ao paraíso pessoal da flacidez. As mulheres maduras querem mais sexo e podem praticá-lo com mais freqüência: que homem não se sente logo sob tensão e pressionado? Homem e mulher precisam fazer algo pela vida erótica em qualquer idade, caso contrário ambos ficam desamparados quando seus desejos esfriam.

O desejo do toque sempre existe. Por isso muitos acariciam o cachorro e o gato e permitem que eles durmam na cama. Ou agendam horas de bem-estar e massagens. Mesmo como um caso que requer cuidados, muitos vão buscar o toque perdido. As viúvas contam que sentem um desejo incessante de tocar até mesmo em pessoas desconhecidas quando essas lhes dirigem uma palavra amável.

Homens e mulheres precisam de uma nova cultura do amor e podem transformá-la numa festa. Mas muitas mulheres precisam controlar seu desejo de vestir roupa íntima caprichada porque se sentem fantasiadas e indecentes com elas. Que pena! Na maioria das vezes trata-se de mandamentos dos pais e da igreja interiorizados que não permitem isso. Honestamente, uma mulher com roupa íntima de seda vermelha, independentemente da idade, simplesmente parece mais atraente do que uma mulher de calcinha de algodão, branca como cal. Não se trata de fazer sexo três vezes seguidas — embora seja muito bom dormir apenas com homens jovens — mas de fazer amor uma vez durante três horas. Quando os homens não querem isso e também não se esforçam, as mulheres têm de procurar seus próprios caminhos de prazer.

Nesse caso não há certo e errado, não há prescrições morais e valorizações. Quando a sexualidade foi um ponto importante no relacionamento, então durante o envelhecimento não há por que ela perder a importância. Mas, como dissemos, o desejo e o tempo já têm de ser procurados. Um falso orgulho impede o caminho de algumas mulheres. Justamente em relacionamentos conjugais antigos muitas vezes se vive um padrão negativo.

Lembra-se de Zeus e da sua mulher Hera? Os autores gostam de usar essas imagens antigas quando querem retratar a dinâmica de um casamento. Zeus era um notório mulherengo. Hera, uma mulher ciumenta. Certo dia a amante Semele entrou no jogo. Quando uma amante cuida da dinâmica de um relacionamento firme, cada um tem de lidar com o próprio papel e descobrir o que se recusa a viver no relacionamento.

As mulheres como Hera em regra desaprenderam de se contemplar como mulher sensual. Os homens como Zeus não se reconciliaram com sua imagem de pai/filho e estão descontentes com a força da mulher — ou temem a mãe. As mulheres como Semele, que sempre são somente amantes, não querem desistir do papel de mulher-criança lânguida e que consome a si mesma. Tão inacessível como antes era o pai, elas esperam pelo amor de um homem amarrado como Zeus. Já é surpreendente como todos os envolvidos num relacionamento aproveitam da amante. Zeus busca com Semele o que não consegue mais com Hera. Hera é deixada em paz e não precisa viver sua sensualidade. E Semele pode amar apaixonadamente à distância, não precisa tornar-se adulta e principalmente não tem de se decidir.

As mulheres fazem bem de lidar com seu erotismo negligenciado. Elas não vieram ao mundo como neutras e não têm de viver durante toda a vida o papel de filha, da esposa ou da mãe. Por isso a menopausa ajuda, fazendo mudar novamente de papel.

Quando as mulheres arranjam um amante, como elas fazem para que ele não entre na sua vida como um acontecimento natural? A amante clássica não tem realmente uma vida boa, porém sofre com a invisibilidade, com a falta de compromisso, com a falta de decisão a seu favor. Isso pode ser solucionado? Sim, isso é possível. Todos precisam aprender a se comunicar. Por mais doloroso que possa ser, só existe uma chance quando todos os implicados falam francamente sobre suas necessidades. Muitas mulheres querem um homem para formar uma família. Elas não querem mais do que isso. Tempo para acasalar não é seu problema. Muitos homens tomam uma mulher para continuar a ser cuidados como o eram pela mãe. Entre esses há aqueles que não sabem muito bem o que realmente significa o amor.

Se uma mulher toma um amante, que serve unicamente à satisfação das suas necessidades, ela muda o modelo do papel. E ela tem de contar com que um homem não queira ficar somente na submissão. A não ser que os dois se vejam como uma pequena felicidade à margem do caminho e não façam do caso um relacionamento firme. Se analisarmos isso desse ponto de vista, talvez o padrão se modifique exatamente agora.

Gerar uma revolução significa deixar o pêndulo oscilar a fim de chegar aos extremos, para que seja encontrado um novo meio. Vamos dar tempo às fases de transformação e vamos cuidar dos acontecimentos mundiais presentes. E não nos esqueçamos de cultivar a nossa vida amorosa. As mulheres podem viver o seu desejo. Não virá um Deus irado, que castiga. Eu prometo!

Marie Theres Kroetz-Relin

Do it again, Anna, faça outra vez

Anna limpa as vagens. Ótimo. Limpa. Primeiro uma extremidade, crec, depois a outra. Ela gosta de cozinhar. É o período em que os seus pensamentos podem dançar. Ela põe a água para ferver. Hoje haverá medalhões de carne de porco com manteiga de ervas feita em casa, arroz e vagens. Ela tem quatro filhos e, além disso, um marido. E dentro de meia hora a família se sentará à mesa e se fartará de comida gostosa.

Crec, crec, o movimento de suas mãos é perfeito. Afinal, ela já é dona de casa há dezesseis anos.

"*Do it*, Anna!"

Ah, não. Essa era a voz interior de Anna.

"*Come on, do it*", sussurrava a voz e bem baixinho: "Por favor..."

Would you be so kind and shut up!" [Você quer fazer o favor de se calar?] Anna responde em voz alta. "*I´m cooking*" [Estou cozinhando].

"*It´s just so long ago... and you still got 25 minutes*" [É que já faz tanto tempo... e você ainda tem 25 minutos].

A sua voz interior tem razão. Faz muito tempo. E ela ainda tem tempo. E vontade. Ela pensa. Essa voz sempre fala com ela em inglês. Por que, ela não sabe. Ela olha para o relógio. Sim, agora. Por que não? É tão natural, ou não é? Não? Não. Ela procura. Ela quer mais. Ela encontra uma embalagem redonda, na qual se encontram tabletes efervescentes de cálcio. Ela pega a embalagem na mão. Serve, tem um bom diâmetro. Ela esvazia o conteúdo, dá uma última olhada para o relógio, sim também serve e vai para o dormitório com o tubinho.

"*Oh, come on, I´m so excited!*" [Ó, venha, estou tão excitada!]

"Se você não calar a boca, não vai dar certo", Anna pensa, "seja como for, não em tão pouco tempo!"

Ela levanta a saia, tira a tanga e começa a se masturbar com o tubo de cálcio. De algum modo ela se sente tola.

Será que o seu marido também... Com certeza, sim. E a sua filha de quinze anos... não, isso ela não quer imaginar agora... Uma vez que ela já começou, é tarde demais para parar.

"Yeahhhhh!", concorda a sua voz interior.

Ela começa seu software sexual na sua cabeça, ou melhor, o que restou dele depois de dezesseis anos de casamento. Ah, isso faz bem. Embora o tolo tubo de cálcio arranhe um pouco... mas não se pode ter tudo. Ela tem fantasias selvagens. É lindo. Ela olha para o relógio. Maldição, restam apenas dez minutos. Agora é preciso alcançar o clímax depressa. Ah, Ah! Sim, sim, ahhhhhhhh! Consegui.

"Was it good? Relaxed?" [Foi bom? está relaxada?], murmura a sua voz inglesa sem fôlego.

"Ohh, yes, it was good..." [Oh, sim, foi bom], suspira Anna aliviada... *"But now shut up, I have to hurry up!"* [Mas agora fique calada, tenho de me apressar!]

Tudo corre com a rapidez do vento: vestir a tanga, abaixar a saia, alisar a roupa de cama, apagar os vestígios, limpar o tubo de pastilhas de cálcio, colocar o conteúdo de volta e levá-lo para junto dos outros produtos de saúde. Ela corre para o banheiro, olha-se no espelho, com um sorriso nos lábios, melhor um sorriso e um rubor na face, lava as mãos, passa uma escova nos cabelos, volta correndo para as suas vagens, joga-as na água fervendo, coloca os medalhões na frigideira e analisa com olhar de profissional a mesa já posta. Tudo está pronto. Eles podem vir.

Ela ouve a chave na fechadura e os seus quatro filhos mais o marido entram correndo... aí estão eles.

"Você está bonita", diz o marido ao cumprimentá-la. "Você tem as faces bem coradas!"

"Sim", ela diz, "perto do fogão a gente fica com calor! O vapor e tudo mais!"

"Liar!" [Mentirosa], retruca a voz em *off*.

"Shut up!" [Cale-se], ela pensa.

Tina Wiegand
Sagrada emancipação

A maioria das mulheres menstrua uma vez por mês num pacote duplo com uma crise. Na minha opinião, esse é um fenômeno totalmente normal num mundo que acredita conseguir arranjar-se sem ter maior conhecimento dos ciclos biológicos.

Todas as vezes que menstruo, eu desejaria ser uma muçulmana. Pois durante esse período elas se recolhem — uma vez que a menstruação é considerada impura — aos aposentos das mulheres e só se mostram outra vez quando se recuperaram.

Eu ouço o grito das minhas leitoras: esses malditos machos patriarcais! Como uma mulher pode escrever uma coisa dessas? Ela enterra a emancipação!

Um ataque ao meu senso feminino de auto-estima, por que os outros me consideram impura? O que me importa o que os outros pensam? Para mim, como um animal maternal que trabalha fora, é um pensamento divino poder passar quatro dias sozinha todos os meses. Ninguém fala comigo, ninguém me toca, ninguém me pede coisa alguma. Por que motivo, nesse caso, me é totalmente indiferente. O principal é que tenho bastante tempo para conversar com o meu conselheiro interior, escrever um diário, ler alfarrábios e em caso de necessidade, cutucar o nariz imperturbada. Eu poderia cortar os lamentáveis vinte e oito dias restantes em fatias digeríveis e sangrar com toda a tranqüilidade as energias negativas. Um tempo fora como esse com certeza me tornaria ilimitadamente imune à importunação.

Mas, em vez disso, o que acontece com a minha auto-estima feminina? Entra dia, sai dia, eu enfrento o meu lado masculino porque o mundo espera que eu cause uma impressão de mulher emancipada. Esse mundo emancipado é tão atencioso, que eu precisaria buscar uma doença contagiosa que exigisse uma quarentena para ficar um pouco a sós. Perplexa, cada empregadora me consideraria maluca, se eu reivindicasse dias periódicos de repouso. Como as pessoas reagiriam a uma mãe que contratasse todos os meses uma babá durante quatro dias, porque está menstruada? Uma muçulmana considera isso natural. E, nesses dias, Barbra Streisand nunca foi ao estúdio!

Eu ouço formalmente os odiosos ataques de xingamentos: princesa deitada sobre a ervilha, não; como ela é melindrosa, e assim por diante.

A natureza formou o organismo feminino de tal modo que ele está sujeito a um permanente "ciclo de vida e de morte". Primeiro prepara-se um ninho para receber de modo adequado um ocasional pequeno morador, para em caso de ele não ser usado, renovar tudo uma vez por mês. Então tudo recomeça. A menstruação da mulher é imagem visível do ser, morrer e renovar. Homem, como isso é exaustivo!

No âmbito psíquico, como sempre, acontece o equivalente. Nesses dias, o que se juntou mas não é mais útil, tem de ser eliminado. As boas experiências no papo, as ruins no penico. Uma mulher que está ligada ao seu mundo sentimental sente isso com toda a clareza. No mais verdadeiro sentido da Bíblia ou do Alcorão é uma "sensação de impureza", que vem junto com uma intensificada necessidade de passar por processos de purificação corporal e psíquica.

Mas nós mulheres somos imprescindíveis. Sem nós nada funciona. Ao menos é o que pensamos, e que constantemente temos de provar. Portanto, agimos contra a natureza e simplesmente continuamos a fazê-lo. Ao menos nós nos vingamos do nosso meio ambiente com um contínuo mau humor e, depois, enfraquecidas pelo conflito, passamos ao ciclo seguinte e continuamos a armazenar energias negativas.

Pequena indicação à margem: as energias negativas não se transformam em adubo! No mínimo se transformam em resíduos nocivos, pedras na vesícula ou outros locais, contraem os músculos, influenciam os hormônios e de muitos modos levam a muitos tipos de mal-estar e de doenças.

Mas isso não tem importância, somos emancipadas! E essa emancipação está longe de atingir seu objetivo. De modo algum é culpa dos homens quando praticamos automutilação e atendemos à necessidade de provar que somos tão boas quanto eles.

"O mole vencerá o duro!", disse Lao Tsé.

A caixa com a bétula e o carvalho na tempestade. Quem conhecer uma bétula que tenta compulsivamente ser um carvalho, por favor, queira me informar. Desse modo viria à luz a primeira neurose no mundo vegetal.

Naturalmente somos demasiado civilizadas para nos orientarmos pela sabedoria da natureza. Preferimos reclamar das nossas fraquezas e desenvolvemos os males da menstruação. Sabemos que o reino celestial dos homens é a sua vontade. No entanto, não consigo furtar-me da impressão de que ultrapassamos o auge da nossa evolução e que a nossa vontade leva à autodestrutiva degeneração.

Com que equilíbrio uma mulher, que aceita a sua feminilidade, lida com os seus filhos como mãe. Como o homem que ela ama poderia fortalecer-se positivamente. Como eles poderiam ser criativos e desenvolver projetos por conta própria. Famílias inteiras poderiam aproveitar-se do crescimento psíquico de uma mulher, se ela pudesse se recolher uma vez por mês durante suas regras... Mas não. Nós defendemos nosso lado masculino com unhas e dentes, numa tentativa desesperada de compensar a ausência de um pênis. Talvez algum dia nos nasça um. Será que viveremos melhor?

Bem, ao menos os homens se sentiriam menos ameaçados... Oh, perdão, eu esqueci. Os homens é que são a ameaça. Por isso temos de lutar. Porque os homens são muito insuficientes, não são emocionais, na luta são agressivos e, enfim, são homens. O seu pior lado: eles não são mulheres. Em vez de ousarmos ser diferentes dos homens, nós os imitamos em tudo — acaso seremos menos inteligentes do que eles?

Agora eu mesma fiquei confusa. De quem é a culpa por que sofro os males da menstruação? Dos homens, das mulheres, da emancipação, da guerra dos sexos, do *stress*? É totalmente indiferente. A partir do mês que vem eu vou me desmaterializar durante o período crítico e meditar no cume de uma montanha qualquer. E se durante a minha ausência o mundo desmoronar... que seja. Então, ao menos eu terei uma tarefa na qual poderei deixar fluir minha recém-recuperada energia.

Mas o que eu faço se o mundo não desmoronar durante a minha ausência?

Então se requer novamente experiência pessoal para aprender a viver com o fato de não ser indispensável e a lidar com a comprovada capacidade de liderança.

Helga Braun
Ousadia

Ousadia
eu confio

em você
no carinho
no desejo
e na dor
na vida
no vôo nas alturas
na queda
pressentindo
e, no entanto,
abro as asas que
me sustentam.

Gudrun Schilken

Onde estou?

Meu eu se foi. Eu não sei quando ele me escapou das mãos.

Foi naquela ocasião em que eu vestia um longo vestido branco?

Ou ele foi embora quando me entregaram aquele pacotinho humano nos braços que mal havia saltado para fora da minha barriga?

O eu era autoconsciente e interessado em muitas coisas. Ele era curioso e gostava de fazer festas. Ele vibrava de energia e de força vital.

E em algum momento, a consciência pesada o mandou embora.

Às vezes o eu ainda vem me visitar, justamente quando estou ouvindo música no meio do dia ou simplesmente devaneando. Infelizmente a consciência pesada começa a lutar outra vez com ele e então o eu foge apressadamente. Ele é muito tímido.

Meu eu gostaria muito de viajar comigo num final de semana. Ele desejaria visitar museus e observar despreocupado as pessoas em cafeterias nas calçadas. Ele simplesmente gostaria de passar bastante tempo comigo. Mas assim que o eu pergunta se podemos fazer isso uma vez, vem essa consciência pesada e infunde o terror. O eu é muito amante da paz e necessita de harmonia, por isso logo se recolhe bem depressa outra vez. É uma pena.

Eu também gostaria de ficar despreocupada comigo mesma, sem que a minha família pergunte de onde vem subitamente essa necessidade do eu.

Afinal, ele nunca está presente.

Eu quero muito que o meu eu possa estar naturalmente conosco.

Ele deve tornar-se um membro da família e sentir-se bem com todos, os seus e os deles. Minha consciência pesada é o amigo da minha família e entre outras pessoas é um hóspede muito bem visto, que é cuidadosamente tratado e cuidado.

Mas o meu eu torna-se vagarosamente mais forte. Recentemente ele começou a lutar realmente com a minha consciência pesada. Aí a consciência pesada sentiu-se apanhada e nos deixou, meu eu e eu, em paz deitados no jardim.

Nós juramos fidelidade eterna e tomamos prazerosamente um copo de vinho.

A família logo chamou a consciência pesada de volta, mas o eu estava tão forte que ele me pressionou na minha espreguiçadeira ao sol, onde permaneci tomando o vinho aos goles.

Eu não sei de onde o eu extrai sua força nos últimos tempos, mas eu acredito que no futuro ele virá com mais freqüência e talvez um dia ele fique para sempre.

Agora ele escreveu junto comigo este texto, embora a consciência pesada tenha dito que seria melhor eu dobrar a roupa.

Wolfgang Sréter

Sorte nas guelras

Ela estava sentada atrás dele na praia. Ele tinha colocado uma cadeira de dobrar na beira do mar, diante dele dois anzóis, à esquerda o pegador de peixe, um samburá na água a fim de manter o pescado fresco e, além disso, a balança à mão. Cada peixe era pesado e posto dentro do samburá. Assim ele podia dizer exatamente quantos quilos pescou e sem que lhe fizessem perguntas, porque muito poucas pessoas se interessavam pela sua paixão. Quando lançava a linha com um rápido movimento do seu braço direito, a linha zunia como um chicote. Só ficava faltando o estalo. Ele tirou o boné do rosto, curvou-se para a frente, colocou uma isca de peixe no anzol e arremessou-o exatamente para perto de um nadador. Às vezes a isca se desfazia no ar e salpicava a superfície cor de chumbo. Ele ficava durante horas com o olhar fixo na água. Poder-se-ia pensar que ele estava dormindo de olhos abertos, mas quando um peixe mordia a isca, ele estava totalmente desperto e puxava imediatamente o anzol para cima, para que o gancho de aço se prendesse com firmeza no céu da boca do peixe.

Seus pensamentos giravam, por isso havia perdido o momento em que o peixe mordeu a isca. Ele o tirou da água e o pegou com o pegador. O animal brilhava e se sacudia. O peixe havia engolido o anzol. Compassivamente, ele introduziu uma alavanca de metal na goela, esticou o focinho com dois dedos. Ele tinha mãos firmes com polegares largos. Quando o anzol se soltou ele enfiou o braço nu bem fundo na abertura do samburá e prendeu o peixe. Eles poderiam preparar refeições festivas com os peixes; em vez disso, ela jogava a carne de peixe congelada na lata de lixo a intervalos regulares, pouco antes de ela ser esvaziada.

Ela se sentia mesquinha quando o deixava só. Ela tinha o cuidado de chegar em casa antes dele, e exatamente como ele, ela exalava um cheiro estranho. Quando ela fechava os olhos, o cheiro ficava mais forte. No início, ela estivera convencida de que ele devia percebê-lo. Às vezes ela até mesmo desejava isso. Mas ele não percebia nada.

Ele dizia: "Você e os peixes, além dessas duas coisas nada mais existe para mim!"

Quando, excepcionalmente, certa vez, tremendo de inquietação ela chegou tarde em casa, ele dormia profundamente, com o despertador armado para as quatro horas. Eles ainda tinham exatamente uma hora para passarem juntos na cama. Ela estava acordada quando ele se levantou. Ele tentou não fazer barulho. Aí ela se virou de lado, ansiando pelo sono. Ela sabia que acordaria exausta dos seus sonhos e haveria partes doloridas no seu corpo.

Por cima da cabeça dele ela olhava para o mar. Antigamente ela gostava de fazer excursões com ele. Ela se levantou e, atravessando o prado, voltou para o seu quarto na penumbra da pensão. Da sua bolsa ela retirou uma carta amarrotada pelo tempo e que muitas vezes a consolara em momentos como esse. Em seguida fez suas malas e chamou um táxi.

À noite, um camarada do bar disse a ele: "É como na pescaria, quanto mais você mantém a calma, tanto mais depressa tudo se organiza".

Anja Quattlender

Saudade visível nas unhas roídas

Falando sério. Certa vez amei tão loucamente um homem, que de tanta saudade literalmente roí as minhas unhas...

Ou começando de outra maneira: você faz parte das mulheres que podem citar de cor passagens do livro "Quando as mulheres amam demais?" Você também tem vários metros de livros femininos na estante, que de alguma maneira combinem com todas as situações cabíveis de sofrimento?

Então com certeza você já encontrou um desses "garotos maus" pelos quais supostamente todas as mulheres se sentem atraídas (naturalmente até as meninas que usam camisolas passadas a ferro, que irritam a pele...).

Tudo começou tão inocentemente! Eu estava solteira e depois da minha separação realmente ainda não tinha vontade de me amarrar outra vez (honestamente: por que justamente agora daria certo com o próximo?). Então, à noite eu preferia visitar várias salas de *chat* e roer as minhas unhas. Às vezes encontrava alguém a quem gostaria de telefonar, às vezes até surgia a vontade de se encontrar, e às vezes... hum, onde eu estava?

Num *chat* logo se tem a sensação de conhecer alguém há muito tempo, sentimo-nos protegidas na nossa sala de estar, confiamos mais depressa em divulgar coisas pessoais na Internet do que as contamos à amiga mais íntima... isso, *se* lhe contarmos.

Com ele não aconteceu nada disso.

Na minha roda de amigos virtuais, eu o achava relativamente neutro, de fato bastante simpático, mas não especialmente interessante.

Até que ele contou que nem morava tão longe de mim, uns oitenta quilômetros. Essa era uma boa distância, mas como na Internet as distâncias são relativas, setecentos quilômetros não são nada.

Nós já havíamos trocado o número dos celulares há algum tempo, mas a não ser umas duas mensagens "Alô, como vai?", nada mais havia acontecido.

Isso mudou de repente quando falamos ao telefone pela primeira vez — mas que voz!

Aconteceu o que tinha de acontecer. Nós combinamos um final de semana para o primeiro encontro.

Indicação falha.

A partir das 18 horas da sexta-feira, a data marcada para o nosso primeiro encontro, o telefone dele ficou mudo pelo resto do final de semana.

Meu Deus, como eu fiquei azeda.

Até que na segunda-feira pela manhã, essa voz me fez derreter novamente: ele tinha perdido seu telefone no táxi, o motorista o havia desligado e ele só recebera o aparelho de volta na segunda-feira pela manhã.

Na ocasião seguinte, ele teve um acidente de trânsito e passou todo o final de semana no hospital, em observação.

Na seguinte ainda, teve subitamente um compromisso profissional em Hannover.

Podem me chamar tranqüilamente de louca, mas relativamente possuída pela ambição esportiva, viajei diretamente para lá.

E de fato, eu o encontrei.

E como!

E a situação continuou exatamente a mesma. Ele me atraía e me deixava encalhada. Eu me fingia de surda, ele me procurava outra vez. Se eu amolecesse, ele ia embora.

Que ele não vivia tão sozinho como afirmava, eu já havia descoberto há tempos, mas ele só confirmava as minhas suspeitas até onde eu podia prová-las.

Tudo isso durou um ano e meio.

Por favor, não me pergunte onde ficaram a minha razão, a minha raiva e o meu orgulho, pois certamente eles estavam de férias.

Mas as minhas unhas me indicavam mais do que claramente que eu devia retomar o controle da minha vida nas próprias mãos.

Gudrun Schilken

Finalmente só

Meu marido está novamente numa viagem de negócios.

Esta noite é minha. Posso fazer o que quiser. Finalmente, estou só.

Bem, não totalmente só. Ainda há os perturbadores da paz, que devemos habilmente eliminar com truques.

São os filhos, que ainda me impedem um pouco a descontração perfeita.

Com o menor vou usar o plano de matança A: eu o convencerei que ele poderá ficar acordado mais tempo, mas começo o ritual de ir para a cama mais cedo!

Esse é um truque formidável para crianças que ainda não sabem ler as horas. Genial, não é mesmo? Vou patenteá-lo.

Para o mais velho estabeleço um limite de tempo diante do computador. Depois disso, ele irá grato e sem a mãe para a cama.

Formidável. Paz para mim. Liberdade!

A sensação é parecida com a de antigamente, quando papai e mamãe não estavam presentes.

Agora posso fazer tudo o que não posso fazer sem ouvir comentários.

Nenhuma luta pelo programa de televisão, nenhum "O seu telefonema tem de demorar tanto tempo?"

Maravilhoso. Uma noite sozinha comigo mesma.

Tomara que ele tenha comido alguma coisa inteligente hoje!

Eu me sento desleixada e confortavelmente no sofá e assisto à televisão.

Por que ele não me telefona?

Sirvo-me de um copo pequeno de vinho e me estico prazerosamente.

O que foi que ele disse, que compromisso ele tinha mesmo esta noite? Que beleza, um filme de amor sem comentários. Posso acompanhar a ação inteiramente concentrada.

Será que o telefone está quebrado?

Como é bom quando ninguém ronca ao nosso lado durante a noite.

Logo estarei deitada sozinha na nossa grande cama fria.

Prazerosamente fico mudando de canal, passando por todos eles. Posso comer todo o chocolate sozinha.

Agora as outras estão carinhosamente sentadas com os seus amados no sofá.

O telefone toca.

Eu atendo. É ele. Tudo está bem. A voz dele me envolve de calor.

Eu desligo a televisão, tomo um bom banho e me alegro com a noite seguinte — finalmente a dois.

Brigitte Hieronimus

Saudade... enquanto a lua ri

A lua está colada no céu. Eu estou na cozinha de camisola e tenho fome. Uma panela de espaguete está no fogão. Eu levanto a tampa e pesco alguns. Meu olhar cai na vidraça e eu posso me ver nela.

Pareço gorda. Como uma porca com o peso apropriado para a matança. Minha barriga balança, o peito está caído. Sou velha e feia. Ninguém me ama. E muito menos eu.

Apago a luz da cozinha e contemplo a lua. Diga alguma coisa, sua cara de panqueca. Ela não responde, só me olha tolamente. Um homem sumiu da minha vida e eu não vejo mais sentido em viver a minha vida. Ela é monótona. Me dá vontade de vomitar. A vida. Responda, homem na lua.

Eu me afasto. Estou com frio. Aumento o aquecedor, vou buscar meias de lã e ligo o rádio da cozinha. Música suave entra pelos meus ouvidos. Aquece o meu coração. Uma vez havia alguém dentro dele. Eu era habitada. E agora? Estou vazia. Não há nenhum cartão, me livrei de tudo e coloquei no lixo. O homem era meu. E eu era dele. Nos bons dias nós havíamos prometido ficar juntos nos dias ruins. Eu não estava disposta a fazer isso. Eu menti para ele e o traí. Não quis me adaptar, fugi para outros braços. Eram belos braços. Fortes e firmes. Mas eles não ofereceram nenhum apoio. Eles me deixaram cair. Como moedas de estrelas eu polia um amor inexistente. E nenhuma nova estrela caiu na minha camiseta.

A música no rádio me perturba. Eu o desligo e coloco uma fita cassete. Uma, que o homem a quem abandonei gravou para mim. Palavras como bombons. Notas de marzipã. Ele via algo que eu não via. Meu corpo era grande, belo, suave e quente? Minha alma era de ouro, meu coração não era de pedra?

Eu me sentei num peitoril e ouvi a música. O homem parece estar louco. Eu nunca fui assim e não quero ser. Eu quero ser independente. Não preciso de um homem para ser feliz. E estou tão sozinha. Tão tudo. Tão só. Comigo.

A música acabou. Eu não quero voltar para a cama vazia e viro a fita. Mas que droga. "*Nothing compares... to you,* nada e ninguém se comparou com ele. Ninguém quebrou meu coração, eu mesma o quebrei. Ninguém rega o meu jardim se eu mesma não o fizer. Ninguém me ama se eu mesma não puder me amar. Eu me viro. A lua brinca de esconder. Apesar disso eu me contemplo na vidraça da janela.

Eu não estou gorda. Se encolher a barriga e segurar a respiração, reconheço outra vez o meu antigo corpo. Quando ergo os meus seios eles ficam no lugar que lhes pertence. Tiro a minha camisola e balanço os quadris. Me acho bonita à luz da lua. Boa lua. Lua misericordiosa. Por que você é a única que olha para mim esta noite?

Encho um copo com vinho tinto e o levo para a cama. Amanhã escreverei uma carta para o homem da minha vida e lhe direi que errei e falhei com ele. Eu lhe direi que os dias ruins me levaram de volta aos bons. Nós não temos de continuar lustrando ressentimentos. Eu vejo o rosto dele como que através de cacos de vidro de leite. Você ainda me quer? Eu lhe perguntarei.

A lua ainda está colada no céu e ri. Sim, realmente, ela ri às gargalhadas.

Martin Meggle
Os olhos da princesa

A princesa ficou fiel a si mesma. Ela nunca abandonou realmente o seu olhar típico. Esse olhar misterioso, perigoso de princesa, que vinha do canto dos olhos. No entanto, nunca de frente. Essa princesa sabia como tomar conhecimento das coisas sem que as suas pupilas se voltassem para essas coisas. Ela olhava como vesga sem ser visivelmente vesga. E esse olhar encoberto era a arma com que ela conquistava o mundo. Com o qual ela eliminou todos os seus pretendentes. Um depois do outro.

À princesa interessava tudo o que se distanciava do círculo roto do eu, do que ela despedia, do que ela fugia e que vagava naquela escuridão que não poderia ser escuridão. Não — com certeza estava claro. Irresistivelmente claro. As coisas que se abriam diretamente diante dos olhos da princesa não lhe despertavam o mínimo interesse, em essência a deixavam fria. Os admiradores só conseguiam despertar a sua atenção quando eram aparentemente invisíveis. Quando eles se esgueiravam *en passant*, de lado, fugazmente, secretamente.

No entanto, os numerosos pretendentes que desfilavam ou apareciam diante da princesa a entediavam. Naturalmente, a princesa não devia deixar transparecer esse tédio. Isso não era muito simples. Pois um mínimo de atenção era obrigatório. Do mínimo de atenção não poucos admiradores imaginavam poder ler um eventual máximo. Um círculo vicioso que fazia com que cada vez mais admiradores ficassem em fila diante dela e a assediassem.

Em toda parte todos sabiam: os olhos dela se cansavam tão rápido que o fato chamava a atenção. "Deve ser devido à sua pressão baixa", comentava-se no seu entorno. Ledo engano. Para a princesa era terrivelmente cansativo manter continuamente esse ato de equilíbrio, olhar os admiradores de frente e ao mesmo tempo não deixar escapar os que ousavam despedir-se à direita e à esquerda e por trás do seu círculo facial. Ela tinha certeza. O seu príncipe nunca se apresentaria grosseiramente em cena diante dos seus olhos. Ele talvez não fosse importante e surgiria — se surgisse — elegante e invisível somente à margem. Além disso, os príncipes preferem surgir como figuras à margem ou andar por regiões retiradas. Em pântanos. Ali onde o extermínio não está longe. Só admiradores prestes a cair no abismo, portanto, tinham uma oportunidade de ser salvos da sua queda. A chance era muito pequena. Mas ela existia. E ela era maior do que a chance dos admiradores que se pavoneavam diante dos seus olhos.

Bem no fundo o medo de deixar de ver a figura decisiva à margem a atormentava. Em meio à pressão e aos deveres incômodos do dia-a-dia ela fazia tudo para evitar que deixasse de *vê-lo* à margem por pura desatenção. *O* príncipe, que finalmente poderia trazer luz às suas trevas. Finalmente, a felicidade. Os traços da cabeça da princesa eram clássicos. Na verdade, o rosto parecia estranhamente rígido. Quase como se estivesse cimentado. A princesa o trazia tão rígido para provar ao mundo que ela se defendia inabalavelmente. Que ela seria capaz de tudo, menos deixar-se desviar por qualquer aparição à margem ou deixar-se seduzir por ela.

Já na tenra infância treinaram a princesa nessa postura. E a aconselharam a encontrar o demasiado óbvio com uma nobre condescendência. Dessa nobre condescendência desenvolveu-se no decurso dos anos uma verdadeira arte. A arte de olhar de lado. A nobre condescendência não impressionava a maioria dos admiradores. Ao contrário. Ela os estimulava além das medidas e atraía cada vez mais admiradores que vinham em grupos até ela. Às vezes ela não entendia muito bem por que lhe haviam ensinado tudo isso. Mas ela não podia modificar mais nada. Os hábitos estavam profundamente arraigados.

Desse modo, a princesa sofria. Ela sofria com um mundo que acontecia diante dela como uma fita interminável. Às vezes ela tinha a impressão que esse mundo sequer acontecia. Esse mundo simplesmente só era cevado para baixo. Ou para cima. Quantas vezes a princesa sentia saudade de poder não olhar ou de fechar os olhos. Mas isso era impossível. Não havia fuga possível. Se ela quisesse ser uma princesa, ela tinha de lidar com esse mundo. Por que afinal? Ela se perguntava. Para o que se é princesa se não se tem escolha e se é continuamente obrigada a comparecer a apresentações baratas e importunas e a submeter-se a elas? Alguma coisa não estava certa na sua vida. Alguma coisa fora mal programada.

Em seu desespero e solidão a princesa se refugiava na fantasia. Ela imaginava que o príncipe, para o qual estava destinada, reconhecia seu enredamento. Que ele sabia que só seria levado em conta como aparição à margem. E que em todo caso ele teria de evitar aparecer diretamente como os outros na sua frente. Ela procurava esse pretendente. Esse príncipe. Esse querido do abismo da sua atenção. Ela sonhava que podia amar, desejar e fazer feliz esse príncipe, sem tê-lo visto uma única vez. Ela imaginava que o seu amor não requeria esse contato visual direto. Que ela e o seu príncipe podiam renunciar totalmente a esse contato frontal. Isso era como andar no arame, bastante excitante, que exigia uma extrema habilidade de ambos os amantes e uma considerável medida de reserva. Esse relacionamento só era possível a partir do sentimento. A partir da intuição.

No entanto, no final não havia nenhum pretendente que fosse capaz dessa intuição, desse sentimento e dessa reserva que fizesse tal tentativa. Os pretendentes da princesa simplesmente eram incapazes. Em geral eram fracassados, nenhum era senhor das suas pupilas. A maioria de fato acreditava que era preciso olhar bem fundo nos olhos de uma mulher para conquistá-la. Esses idiotas, pensava a princesa. Eles não sabem de nada. Em vez disso, todos os pretendentes olhavam boquiabertos para os olhos dela e acreditavam com toda profusão ter de ver neles algo inocente, como os olhos de um gamo. "Ela tem os olhos de um Bambi", constatavam alguns, firmes em sua transfiguração sem esperança. Alguns dos pretendentes, no entanto, percebiam que algo não estava certo com o Bambi. Um desses pretendentes desconfiado olhou de lado para a princesa. Ele achou que o nariz curvo da princesa não combinava com um Bambi, combinava mais com um pássaro. Talvez com uma ave de rapina, que sabia olhar secretamente. De lado.

Quando um pretendente queria armar-lhe um ardil e criava uma suspeita, ela reagia com sangue-frio. Com seu mortífero olhar de ave de rapina, ela bania a vítima. Ela a bania tão depressa que ninguém percebia o fato. Nem mesmo o pretendente que, atingido pelo olhar de ave de rapina, caía no chão. Um pretendente após o outro caíram no chão, quando eram curiosos demais. Assim eles estavam deitados ali, esticados, acabados. Claro que não estavam cobertos de sangue. Nem estavam deitados num leito de rosas. Em compensação, controlados e ausentes. Estremecendo ocasionalmente, eles pareciam ter saudades de um mundo em que ainda havia princesas e Bambis, mas nenhuma ave de rapina.

E quando os pretendentes caídos tentavam esforçadamente recuperar a consciência e erguer-se, o olhar orgulhoso da ave de rapina já havia se desviado há tempos da presa. A seus olhos os pretendentes acabados deslizavam para trás. Cada vez mais para trás. Até que chegassem à margem mais exterior do seu campo visual. Então ali, onde a princesa pegara seus pretendentes, para ali eles deviam ir outra vez.

Controlada como sempre, ela olha fixamente para a frente. Intocável como se não tivesse acontecido nada. De modo soberano a sua cabeça repousa sobre o pescoço. Que os pretendentes que ocupam o entorno dessa princesa fiquem avisados. Eles têm uma chance. Mas vivem perigosamente.

Gudrun Schilken

Minha amiga

Às vezes eu penso que gostaria de ser minha amiga.

Nesse caso, eu cuidaria de mim. Eu me preocuparia comigo e teria longas conversas comigo mesma.

E quando não estivesse me sentindo bem, eu faria um café e estaria simplesmente presente.

Às vezes eu seria terrivelmente boba comigo, pois rir liberta a alma.

E eu limparia meu coração com as minhas lágrimas.

Finalmente, eu me compreenderia. Sem muitas palavras. Mas com muito sentimento.

E uma palavra honesta também faria bem. Porque... para mim eu poderia dizê-la.

Agora simplesmente estou me procurando.

Talvez então eu encontre você!

Wolfgang Hoehn
Crepúsculo do casamento

Sempre tentei não perder o controle dos nervos, mas eu fracassei. Não por causa de circunstâncias infelizes, não por causa da minha tolice, não por falta de capacidade. Até mesmo dirigir um carro é mais fácil, mas sou como um gato grande sempre preparado para dar um salto, sempre na expectativa de uma pequena catástrofe; além disso, os relacionamentos vivem de emoções e temos a certeza inabalável de encontrar desculpas para as atitudes tomadas, mas a sensação constante de culpa... não é nada fácil ser ousado. Acaso o sexo não perderia seu estímulo diante disso? O que significa sexo nesse contexto... maldição, significa uma porção de coisas de uma vez, até coisas demais, para que eu o aborde! Como, portanto, devo encontrar minhas respostas, se as minhas perguntas me abalam?

Ontem já passou, o hoje leva ao amanhã. "Queixar-se disso por certo não é próprio", dizem os sogros. "Você devia ter pensado nisso antes!" Eles não o dizem realmente, mas seu olhar os trai. E, além disso, eles riem como conhecedores. Ahá! Se eu tivesse pensado nisso cada vez que dormi com alguém, hoje eu ainda seria pura. Se cada ser humano pensasse conseqüentemente — pressupondo-se juízo e compreensão — a loucura não estaria na superpopulação, mas na morte ameaçadora.

"Você tornou-se patética", há algum tempo eu tenho ouvido isso mais vezes. "E polêmica! E injusta!"

Sim, penso apenas, esse ficou sendo o meu estilo, mostrar vivacidade contra esses sinais de exclamação. Há algum tempo eu sei odiar tão bem quanto amar, algo que eu achava difícil antes, no início eu nem conseguia. No momento seguinte, todas as nuvens negras sumiram como que por uma silenciosa magia e eu posso rir sem inibições. O riso tolo é de curta duração. Como resultado dessa desatenção fico com raiva mais tarde, ela me subjuga até eu quase sufocar, depois não sinto mais nada. Onde antes eu estava repleta de calor e dedicação, impera um vazio sem atributos. Mais um ponto de trabalho do dia: contabilizá-lo.

Um vazio como esse no meu cérebro, quando eu às vezes só estou deitada ali e anseio por um momento de paz, que eu sei que não virá, torna tudo muito mais difícil. Ele olha nos meus olhos, mas eu vejo como desaprendi a olhar com seriedade seja para onde for, não para suas mãos, não para os seus olhos que interpretam tudo, não para o seu sexo. Também porque estou com muito medo de levar algo muito a sério. Trata-se de uma tarefa múltipla, ficar à espreita em cima do muro, sempre lançando um olhar atento ao campo de visão. Poderia ser. Mas primeiro uma sirene toca quando chama a desgraça. Fazer algo não ter acontecido, significa ter contado com o que aconteceu. Não, eu não acredito que possa estar orgulhoso de qualquer coisa, mas batem nas minhas costas de todos os lados, como se o sorriso deles pudesse se espalhar como uma praga em mim. Mas eu não preciso do seu sorriso, eu prefiro um pouco de compreensão quando não estou radiante, mas vocês consideram isso uma traição à humanidade, uma traição ao parceiro e à responsabilidade.

Claro, para alguém que se intromete no acontecimento de vez em quando, tudo parece tão estranhamente doce. “Posso ter mais uma fatiazinha?” Ninguém se retrai diante das circunstâncias. Mas todos os que querem rir de mim, não conhecem o sentimento de ter a boca cheia de açúcar, ou não o conhecem mais ou simplesmente não o querem confessar, principalmente a si mesmos. Trata-se do sentimento momentâneo, que pede esse riso, um devorador de quilowatts, dos anos que ficaram para trás nos quais estávamos como num mingau viscoso, e dos anos que ainda virão, inevitavelmente. E ao mesmo tempo, da sensação de consciência pesada e de não podermos confiar isso a ninguém. É como essa luta insensata contra as rugas e os rolos de gordura que se espera de nós e que nos tira a necessidade de fazer um comentário adequado.

Positivo nisso (se o analisarmos positivamente): eu caminho sobre um arame do qual não posso cair. O ar é morno, o céu está claro, mas os meus pés estão pesados como os rochedos abaixo de mim. O arame tem um comprimento que não consigo avaliar, porque o tempo aqui em cima não significa nada. Eu olho repleto de inveja para os vales perigosos, nos quais eu me encontrava até pouco, mas quando nós sempre só os observamos de cima, eles têm uma beleza que nos atinge duradouramente. A vista é breve. A saudade transformou-se automaticamente numa grandeza comprável.

"Mas o que é que você quer?", ele me pergunta censurando. "Você tem tudo! A sua vida é boa!"

Sim, eu tenho tudo, principalmente o sexo dele, que se parece com um ponto de exclamação. Eu só não tenho mudanças em minha vida, isso é tudo. Mas, na realidade, não posso achar séria a indicação de partir quando eu tiver vontade, nem posso tomar conhecimento dela; é como se ele oferecesse rindo ironicamente o bocadinho de decência, sobre o qual ainda não se sabe se ele acaba com uma pancada sobre os dedos.

Certa vez eu quis quebrar tabus e fazer tudo diferente do que os outros faziam, antes, há muito tempo, quando as alturas ainda irradiavam uma luz especial. Agora escurece mais depressa, clareia mais depressa, mas essa troca de luzes me deixa tola. E não contei com a necessidade da energia que está associada a isso, principalmente quando se está parada sozinha na passagem ampla; vemos a luz, mas as tomadas só servem para usar o aspirador de pó, a máquina de lavar e o ferro elétrico.

"Você logo fará isso, não é!?", diz ele, vira-se ou fecha sorrindo a porta atrás de si para enfrentar o dia.

"Claro, meu tesouro, eu faço!", lhe dou seu ponto de exclamação de volta e vomito no canto.

É claro que o farei, eu também o poderia fazer antes, mas isso não é o que importa mais. O fato é que minha vida se tornou tão apertada e cansada, que preciso me controlar para não retribuir simplesmente o sorriso, como me sorriem de modo estimulante. Esse sorriso apatetado vem de todos: dos sogros, dos amigos, do marido, dos filhos. Eu interiorizei o medo de não olhar mais profundamente nos rostos para não ser espremida, sufocada, derrotada por esse sorriso.

Um dia eu irei embora. Não vou mais limpar o meu vômito do canto, mas deixá-lo apodrecer. Eu baterei a porta e observarei como aprendo a rir outra vez — o meu riso..Talvez então, o riso dos outros cesse.

Naturalmente, eu não farei nada disso. Por causa dos filhos.

Tina Wiegand

SAM ou a arma da feminilidade

Há muita coisa que não permite que as mulheres entendam como são realmente poderosas. Os instrumentos de poder, com que as mulheres imediatamente e sem esforço poderiam desequilibrar os sistemas inconvenientes, estão e sempre estiveram à sua disposição: sexualidade, agressão e magia (SAM). No entanto, SAM é uma mistura tão assustadora de armas, que dois terços das leitoras imediatamente encolhem uma cauda inexistente, assim que sussurramos a palavra.

Eu disse aos meus filhos (doze e dez anos) que espero que eles assistam a um orgasmo num filme sobre sexo no cinema ou na televisão para cada assassinato, cada ataque agressivo que assistirem em sua jovem vida. Eu ouço a tolice do mundo gritar de nojo e terror, e momentaneamente não estou com vontade de retrucar: em cada um desses filmes de faroeste atira-se nas pessoas, o que é totalmente aceito pela sociedade. Mas nas cenas de erotismo, que indicam veladamente a existência das partes sexuais, nossos rebentos colocam envergonhados as mãos sobre os olhos. Perceba: pelo fato de o sexo não ser apropriado para os salões, em primeira linha são responsáveis as senhoras.

Para todos que até agora ainda não compreenderam esses paradoxos, eis aqui a tradução em linguagem infantil: fazer amor é algo muito ruim e nojento, muito pior do que matar. Nada de olhar! Melhor assassinar do que amar! A sexualidade é um tabu maior do que a violência. Contudo, há muito tempo não é mais segredo que um homem sexualmente realizado e feliz não cultiva mais intenções bélicas. (Por acaso alguém virá agora tentar preparar meus filhos para bucha de canhão num futuro em guerra?)

A compensação feminina para isso é a mania de magreza. Sabe-se que as mulheres viciadas em magreza recusam o sexo por princípio. Logo poderíamos perguntar por que esse ideal de beleza é exibido enfaticamente diante dos olhos das meninas (e nós, senhoras tolas ainda vemos isso e achamos que está certo). Minhas queridas companheiras de sexo, eu afirmo que todas nós demos um salto gigantesco para descobrir a chave! Correndo o risco de as minhas afirmações fazerem com que eu seja abatida e perca as penas — por favor, entendam que algo tão deslavado só pode acontecer sob a influência de uma lavagem cerebral. A quem ou a que nós devemos obedecer? Quem nos inculcou nossos valores na cabeça? Mestre Proper?

Pequenas indicações de hipnose à margem: grande parte do efeito da hipnose se deve ao arquetípico e, portanto, à escolha de palavras que influenciam o subconsciente. Nos círculos secretos de sabedoria esotérica a palavra "mestre" é uma designação para um mago versado, respectivamente, para um professor iluminado (=guru). Em inglês, proper quer dizer: adequado e limpo. Arquetipicamente isso significa (mesmo que a sua razão não conheça a expressão) que o nosso subconsciente faz de "Mestre Proper" um "guru apropriado de limpeza", que não devemos contradizer. Por favor, preste atenção: a razão de vocês fala uma língua diferente da falada pelo seu subconsciente — mas sobre isso eu escreverei um outro artigo em algum momento qualquer...)

Obedecendo ao *Brainwash* (lavagem cerebral), obedecendo ao guru Proper, quase todas as donas de casa estão tão ocupadas em ser boas meninas adequadamente limpas, que elas realmente acham que manter um lar limpo é uma necessidade prioritária nesta vida. Por isso preferem bater nos filhos em vez de elaborar argumentos concludentes, pois os nossos limpos frutos fazem fracassar o sonho de um lar exemplarmente limpo — o que nos deixa imensamente estressadas. Por sua vez, o mestre Proper já sabe que quem limpa muito, tem pouca vontade de estudar e por isso é facilmente considerado tolo!

Se formos suficientemente obstinadas e endurecidas para vencer a tagarelice das donas de casa sobre "as coisas verdadeiramente importantes da vida" e em vez disso tocarmos excepcionalmente o cerne da sua personalidade, depararemos com o argumento seguinte do mestre Proper contra as donas de casa: o que os outros pensam disso? Nenhum grupo populacional quebra a cabeça pensando no que os outros, como as donas de casa, possam estar pensando. Também não é nenhum milagre, pois a mordacidade de égua de uma sogra ciumenta que descobre que o filho pratica sexo selvagem com a sua mulher, bate em brutalidade qualquer ato dos limitados inquisidores da Idade Média. Eu afirmo que muitas mulheres podem ser mais perigosas às mulheres do que os homens. Os homens sabem muito bem como são dependentes da dedicação sexual das mulheres e, naturalmente, tentam controlálas a fim de manter acesso ao elixir da vida, o sexo. Segundo o lema: espelho, espelho meu, as mulheres tentam, entretanto, eliminar as outras do campo visual mostrando os seios. E assim, a mulher prefere refugiar-se por motivos de segurança — para que a sogra não fique de mau humor — nos braços fortes do guru Proper.

Aqui entra em jogo a agressão. Quem não sabe lidar corretamente com o *aggredere* (latim para agredir), está condenado a viver uma vida de benignidade entre as almofadas de um sofá. Raramente as almofadas do sofá tendem a movimentar algo no mundo, mas servem ao conforto. Uma dona de casa que não usa sua agressividade para estabelecer seus limites, desenvolver argumentos contundentes, empreender projetos para continuar se desenvolvendo, e não quer saber nada sobre a ruptura ou rompimento é confortável como uma almofada — e igualmente monótona! Imaginem que vocês fossem um homem. Vocês acham almofadas de sofá eróticas ou excitantes, ou de alguma maneira atraentes? Vocês desejam entreter-se ou lidar com elas? Não, certamente que não! Como é diferente uma mulher que faz um plano, que levanta projetos, que é criativa e ousa fazer alguma coisa. Uma mulher que supera a barulheira por causa da louça que não foi lavada e que de fato tem algo realmente importante para dizer. Só podemos jogar os valores castradores do guru Proper no arquivo de trabalho com uma almofada imóvel de sofá, pois almofadas de sofá não questionam, mas se esgotam sendo bonitas.

Em terceiro lugar a magia, que natural e absolutamente não existe, entra no jogo! Um rio de luz e amor queimados pelo cérebro alcança o gelatinoso lixo esotérico, de modo que fica realmente difícil achar partes a serem levadas a sério. Como tudo o que surge da ambição de lucro, essa tolice em massa gera um monte de ar quente. No entanto, a magia está na palavra *i-magia-nação* e com ela estamos nos referindo às visões. Por isso, um gerente de topo é altamente dotado, porque tem condições de pensar visionariamente, e de traduzir essas visões em ações. Magia significa o caminho a partir da idéia para realidades materiais palpáveis no aqui e agora. Todo aparelho doméstico foi antes uma idéia. Tudo o que existe (latim= *existere*: vir à luz) surge do mental, quer dizer: surge de uma idéia. Magia é uma questão de conhecimento, de experiência e de prática de uma arte de tornar uma idéia verdadeira. E, gente querida, por favor entendam finalmente que *tudo* o que lhes acontece na vida, é conseqüência dos seus desejos pedidos ao universo — na maioria inconscientes. Não há golpes do destino, mas somente magia mal dirigida. Uma cliente, que não entendia que sua visão de vida estava dominada pela resignação e desamparo, tinha o desejo de morrer. Se podemos controlar o resultante câncer de fígado, dependerá de se nós podemos elaborar no tempo certo as outras possibilidades de sair de becos sem saída. As chances são boas, pois elas pertencem às poucas pessoas que sabem como elas mesmas provocaram o câncer!

Resumindo: todos praticam magia, quer saibam disso ou não. A diferença entre uma bruxa e uma dona de casa psiquicamente castrada é que a bruxa não dá ouvidos ao guru Proper, transforma a sua sogra num morcego em vez de submeter-se a ela, e tem consciência do poder dos seus pensamentos — isso sem falar no conhecimento de cura que desenvolveu no decurso da sua vida.

SAM (S = sexo, A = agressão, M = magia) é uma arma altamente complicada, mas cem por cento eficaz para conseguir tudo que se quer conseguir. Só existe uma diferença com as armas convencionais. Para matar, na maioria das vezes basta o aperto de um botão. E para alcançar os objetivos desejados com SAM, precisamos muito mais de fantasia, criatividade, amor, disposição para aprender, dignidade, sabedoria, solidariedade e visões importantes do que de uma casa limpa e filhos "bonitos". SAM é a arma da feminilidade e está na hora de as mulheres se disporem a usá-la em vez de lamentar o seu papel de vítimas. Esse chiqueiro precisa tornar-se um outro. O mundo só é mudado por aqueles que estão dispostos a modificar sua consciência. Portanto, donas de casa, ataquem o toucinho e, em primeiro lugar, façam uma faxina mental geral! Testem suas convicções, pois essas convicções são a gaiola em que vocês vivem. Certamente nós temos o poder e nós temos SAM — mas não imaginem que seja possível alcançar uma melhora da nossa situação por meio do conforto — ou porque Marie Theres vai às barricadas por nós. Toda magia começa com um sacrifício ritual e eu sugiro que queimemos o nosso conforto durante a Lua Cheia num grande ritual. Se não estivermos dispostas a fazer isso, teremos de conviver bem ou mal com o aumento da violência. Retirar-se e lamentar em nível mais elevado como se sabe é muito cômodo e, como vítimas inocentes, ao menos mantemos o nosso manto branco. O guru Proper vai triunfar! Mas a bruxa em todas nós conhece o princípio cósmico básico de que o conforto é atribuído à preguiça — um dos sete pecados capitais. Se o guru Proper vencer, nós continuaremos a dormir o sono da Bela Adormecida. Se a nossa sabedoria superior vencer, todas nós despertaremos à vida a nossa bruxa interior e faremos mais do que sermos limpas. Que viva o "outro mundo" em que rege o poder do amor, o encantamento da magia que dá à vida o tom místico; e a agressividade será usada para atacar projetos nunca conhecidos. Que viva SAM! Quando as mulheres tiverem ovos suficientes na cesta para essa visão, eu coloco todo o meu conhecimento à sua disposição.

Mas, minhas queridas companheiras de sexo, se forem muito covardes para isso, que o que vocês semearem recaia sete vezes sobre vocês. Vocês afundarão na violência da parte contrária — e literalmente, vocês mereceram isso.

Martin Meggle

A lagartixa

As lagartixas são conhecidas como fornecedoras de felicidade. Muitas mulheres afirmam que, quando uma lagartixa se encontra no aposento ou está escondida perto da cama, elas recebem ajuda durante o sexo. A inglesa Susan Keepaway fala por experiência própria. Ela constatou que lhe era totalmente impossível chegar ao clímax com seu parceiro se não soubesse que uma lagartixa estava escondida em algum lugar do seu dormitório. A seus olhos, sexo sem lagartixa é *"just no fun"* [simplesmente não é divertido].

As condições climáticas adversas na Grã-Bretanha, no entanto, lamentavelmente levaram à morte as lagartixas que Susan Keepaway havia trazido das suas férias na Andaluzia. No entanto, ela está firmemente convencida de que as lagartixas da Andaluzia podem despertar um fogo inimaginável na vida sexual de uma mulher. O seu marido, Peter Tromboil, pode confirmar isso e lamenta sinceramente a morte de cada lagartixa.

Não se passou muito tempo, Tromboil se pôs a caminho da Andaluzia para buscar reservas. Mas as espertas lagartixas escapavam do seu ataque no último momento, com uma fuga para a direita ou com uma fuga para a esquerda. Era como se estivessem enfeitiçadas. Tromboil podia fazer o que quisesse. Elas sempre escapavam. Na Andaluzia logo se espalhou a notícia de que um inglês espreitava e tentava pegar as lagartixas — o que deu motivo para algumas especulações divertidas. Quando Tromboil ainda não havia feito nenhuma presa depois de duas semanas, ele desistiu. Ele estava abatido, bastante infeliz. Finalmente ele pagou a conta do hotel, colocou suas coisas de volta na mala e chamou um táxi para levá-lo ao aeroporto.

No entanto, aconteceu o inacreditável no saguão do aeroporto de Sevilha, durante o *check-in*. Um certo Pepe Camisa descobriu o inglês na fila e aproximou-se dele. Camisa tinha ouvido falar do problema de abastecimento do inglês e sabia como tirá-lo da enrascada. Falou com ele, dizendo que havia se especializado na exportação de lagartixas da Andaluzia. Um nicho comercial de futuro, como Camisa supunha.

Tromboil ficou sem fala, quase não podia acreditar na sua sorte. Ele perguntou ao Camisa: "Como o senhor conseguiu pegar essas coisas diabólicas?" Camisa sorriu soberanamente e disse que seria um tolo se revelasse, o que Tromboil logo pôde entender. Depois de ter assinado o acordo de entrega para lagartixas da Andaluzia, Tromboil disse com olhos brilhantes. "O senhor é um anjo."

Então ele se despediu, entrou orgulhoso como um espanhol no avião e voltou para junto da sua amada na Inglaterra. Desde esse feliz encontro o abastecimento necessário estava arranjado. A viagem a Sevilha fora lucrativa. Quando Tromboil quis pegar o décimo segundo carregamento de lagartixas no aeroporto de Heathrow na Inglaterra, surpreendentemente foi abordado por um funcionário da alfândega que o cumprimentou com as temíveis palavras: "Você é Tromboil?"

Atrás de portas fechadas houve em seguida um interrogatório. Tromboil, no entanto, não teve êxito em convencer o funcionário alfandegário da necessidade da sua importação de lagartixas. No final, ele estava disposto a se separar das suas lagartixas com o coração partido e a dar o carregamento de presente ao funcionário da alfândega. "O senhor precisa", ele aconselhou ao funcionário, "experimentar as lagartixas com a sua mulher. Com certeza não se arrependerá." Esse conselho bondoso foi recusado e ele condenado ao azar. Ele foi parar atrás das grades, não só por causa do tráfico de animais, mas por ofender o funcionário.

Depois do quinto ano na prisão, ele estava totalmente abandonado na sua cela. A notícia da mudança da sua amada para a Andaluzia o atingiu como uma pancada. Ela o paralisou e o deixou sem fala. Desde então, nenhum único som articulado saiu dos lábios de Tromboil. Dele só vinha de vez em quando um estalar desalentado de língua. Imóvel ele grudava mãos e pés nas grades, o que contribuiu para ele ser apelidado pelos detentos de "o lagartixa".

As lagartixas costumam ser definidas como dedos de prisão porque os dedos e artelhos têm lâminas aderentes que são eletrostaticamente recarregáveis. A cauda de algumas espécies, como depósitos de gordura, quebram com bastante facilidade, mas tornam a crescer. No entanto, de modo algum se pôde afirmar isso de Peter Tromboil.

Gudrun Schilken

Os dias perigosos

Vocês conhecem isso. Eu tenho certeza. Uma vez por mês vocês também viram monstros.

A voz fica estridente. O próprio cheiro, mais pungente — dizendo de forma educada. E a gente fica imprevisível. Nessa época não convém comer cerejas na nossa companhia. Tampouco tomates, pão com manteiga, nem mesmo pizza.

Principalmente deveríamos de preferência ficar longe de nós mesmas nesse período. Também da melhor amiga.

O marido e os filhos precisam passar por isso. Mas nunca conseguem se acostumar. E a cada mês atiçam o fogo outra vez.

Somos bem fáceis de reconhecer: nós enfiamos tanta comida em nós quanto conseguimos agüentar. Ficamos com frio para logo em seguida suar. E suamos para em seguida sentirmos frio. Somos amáveis, exatamente eufóricas, para no momento seguinte nos debulharmos em lágrimas. Parece-se com a puberdade que volta a cada quatro semanas. E é igualmente cansativo.

E em certas circunstâncias nesse período somos autenticamente dispostas à violência.

Nunca a mão nos escorrega tão depressa como nos dias antes daqueles dias. Sim, nesses dias somos de fato perigosas.

Nós, alminhas delicadas, sempre amáveis, estamos em condições de mostrar o nosso "lado sombrio" uma vez por mês e afastamos os nossos semelhantes.

Existem até mesmo mulheres que se tornam vítimas criminais de seus hormônios. Isso tudo já existia. Mas não serve de desculpa.

Portanto, meninas, vocês conhecem o perigo! É melhor se esconderem no banheiro com um tablete de chocolate e esperar o período de irritação passar.

Uma ficará sentada lá por um tempo mais prolongado — e gritará atrás da porta fechada que só fica ali pela segurança da família.

Portanto, lá vou eu!

Com um tablete de chocolate!

Tina Wiegand
Violência verbal

A depreciação dos outros é uma possibilidade de comunicação habitualmente aceita. É normal xingar alguém com palavras de desprezo só porque ele/ela dirigem o carro com insegurança. Independentemente se é na profissão, na política ou na mídia, a arma atômica psíquica da humilhação é usada sem nenhuma consideração. Não é nenhum milagre que os nossos filhos espalhem essa norma social na escola. Quem se entende bem com a mãe é debochado como filhinho da mamãe, quem obtém boas notas é chamado de CDF e estes são somente os exemplos mais inofensivos. Ser frio e insensível parece um mecanismo de defesa mais eficaz nessa realidade dolorosa, contudo, a longo prazo, leva ao empobrecimento psíquico, que proíbe ao implicado manter relacionamentos repletos de sentimento. Em muitos casos esses mecanismos de defesa ultrapassam tanto o objetivo, que as crianças, bem como os adultos, por medo de se ferirem, mudam-se para o cárcere da altivez que eles mesmos muraram. Como, no entanto, um ser humano não é capaz de viver sem demonstrar interesse emocional, ele/ela encontram na "válvula de escape da TV" a possibilidade de participar da vida emocional de outras pessoas sem enfrentar pessoalmente a linha de tiro.

O desprezo afeta seriamente a psique. Sendo assim, não são só as crianças que reagem com medo ao que chamamos de "cotidiano normal" e se encontram mais ou menos permanentemente em estado de autodefesa. Essa tensão duradoura envolve como uma couraça mental a capacidade de aprendizado. O relaxamento destrói essa defesa e leva o subconsciente a trabalhar associativamente, isto é, ele integra a substância do aprendizado em seu tesouro de experiências e esse nós podemos reter e usar melhor. Nós alcançamos um estado de descontração estimulante do aprendizado, o assim chamado "estado alfa", à medida que concentramos os olhos imóveis num ponto.

A fixação dos olhos na tela da televisão gera exatamente esse estado hipnótico descontraído, no qual as imagens oferecidas entram queimando no tesouro de experiências. Por meio dos olhos fixos em estado alfa dos espectadores a realidade televisiva se ancora no subconsciente hipnoticamente aberto por meio da propaganda repetida e das imagens prévias radiantes dos filmes. O subconsciente assume as imagens gloriosas no âmbito dos sentimentos como padrões de medida, embora estes nem sequer possam ser alcançados na vida real. É importante saber que o subconsciente não distingue entre o filme e a vida real. A tentativa na maioria das vezes inconsciente de ser exatamente tão esbelta, rica, bonita, forte ou heróica como as imagens das pessoas na tela, leva a contínuos sentimentos de fracasso. A necessidade de diminuir os outros serve então para elevar a si mesmo. A própria chama parece maior quando podemos fazer os outros idiotas menores. Diante dos próprios sentimentos de fracasso fugimos para a descontração do assento da TV, de preferência, para adormecermos ali, o que se assemelha a uma hipnose profunda.

Não existe um único ser humano que a uma contemplação mais acurada não seja um ser extraordinário com diversos potenciais. Difícil então é que uma alma abatida pelo desprezo e pelos sentimentos de fracasso não possa deixar-se abraçar. Dói demais.

Marie Theres Kroetz-Relin

Mensagens de uma vítima

A violência tem muitas formas.

É minha preocupação documentar neste livro como e por que surge a violência e como é difícil separar-se de uma pessoa que nós amamos.

Luisa tem trinta e oito anos, dois filhos (seis e nove anos), vem de uma situação de pobreza e conseguiu "subir sozinha" de posição. Esteve casada com o seu Detlev por dezesseis anos e, no início do ano, separou-se dele. Desde então eles se entendem muito melhor, a violência foi "suspensa". Mesmo que agora vivam separados, os filhos ao menos têm outra vez uma boa mãe e um bom pai. Sobre isso Luisa escreveu quando lhe pedi para publicar seus e-mails:

3 de Setembro

Querida Marie Theres,

Bom ler algo da sua parte outra vez! Fico feliz que esteja bem. Quando eu li esse conjunto dos meus e-mails, lágrimas me vieram aos olhos e percebi o quanto eu ainda estou ferida. Mesmo que em geral Detlev e eu estejamos nos entendendo melhor, sempre há as recaídas. Um problema principal, na minha opinião, é simplesmente que eu sou mais bem-sucedida, mas também mais engajada do que ele. Isso atinge a honra masculina e o brinquedo para as horas de tédio não está mais muito à disposição. Agora naturalmente eu expressei isso de forma malvada e também bastante simplificada. No entanto, há um grãozinho de verdade nisso.

O que mais falta no nosso relacionamento é a confiança. A confiança de que sou boa. A confiança de que ele não vai me deixar na mão. A confiança de que ele estará comigo para o que der e vier. A confiança de que não existe nada a esconder; a confiança de que há uma certeza no que se refere à proteção.

Para mim está claro que o que sempre torna a faltar é tempo. Ele tem pouco a fazer e se entedia, eu não sei como dar conta de tudo, e apesar disso manter tudo funcionando. Quanto mais nós registramos as coisas de modo diferente, tanto pior tudo fica.

Bem, eu não quero apenas me queixar. Tenho trabalho numa época em que tantas pessoas se lamentam e têm problemas, tenho dois superfilhos, uma casa maravilhosa e, afinal, também um homem muito atraente que sempre demonstra ter suas dúvidas.

Sobre a sua pergunta: é claro que você pode publicar os textos dessa maneira.

Abraço,

Sua Luisa

2 de Setembro

Alô, Marie Theres:

Como vai você? Preciso me desculpar por não ter me comunicado com você, mas ou simplesmente havia demais para fazer — momentaneamente tenho muito trabalho, na semana passada houve férias no jardim-de-infância e a babá diarista pediu uma semana de férias... outra coisa é que estou relativamente mal porque simplesmente não consigo me entender com Detlev. Ele está com dificuldades profissionais...

O constante vaivém acaba comigo. E viver o dia nessa situação é totalmente estranho para mim. Ao mesmo tempo ele me faz responsável por tudo, diz que eu só quero fazer prevalecer a minha vontade, enfim, que eu sou uma sádica, que só quero me vingar da minha família, principalmente do meu pai, e que de todo jeito sou uma péssima mãe, isso sem considerar que sempre o rejeito. Ele me machuca e quer dormir comigo. Eu me sinto como se fosse uma droga, nem dá para descrever isso.

Eu nunca pensei que algum dia estaria nessa situação de me...

Espero que você esteja bem.

Seria tão bom se nos encontrássemos...

Receba um abraço carinhoso,

Sua Luisa

2 de Outubro

Querida Marie Theres,

Você nem pode imaginar como faz bem saber que existe alguém que pensa em nós. A coisa com Detlev está bastante problemática, porque eu acho que ele realmente não quer sair de casa. Quase não se pode levá-lo a mal.

Às vezes eu tenho novamente acessos de medo ou surtos de pânico, depois sou a própria calma, mas às vezes estou totalmente irritada, às vezes fico andando de um lado para outro como um montículo de desgraça.

Em todo caso — de algum modo — saio dos trilhos.

Para enfrentar o cotidiano com os filhos, a organização doméstica, a profissão etc. e todas as coisas que ainda têm de ser organizadas.

Por favor, torça para que tudo vá tão depressa quanto possível!

Logo escrevo outra vez.

Um forte abraço,

Sua Luisa

2 de Outubro

Querida Marie Theres,

De algum modo tenho a sensação de que tudo simplesmente vai mal.

Detlev afirma que quer se mudar e ao que parece tem uma casa em vista.

Tola como sou, no domingo infelizmente deixei que ele me enrolasse outra vez e acabamos na cama. Mas não deu realmente muito certo e eu sei que também não dará mais. Eu fiquei muito contrariada comigo mesma.

Eu dei demasiado espaço para as brincadeiras de Detlev por muito tempo. Eu poderia morder a minha b...

Em parte me sinto tão sem brio que é difícil fazer tudo o que me espera. E, em parte, estou com muita raiva de Detlev, porque fico insegura diante das coisas, saber se ele está jogando — e em caso afirmativo — que jogo é esse. Enquanto isso, não confio mais nele. Grande parte do nosso amor já morreu e continua morrendo — é simplesmente horrível. Tenho medo da guerra e a vejo vindo, inevitavelmente. Por que sou tão fracassada?

Não, não é verdade que tudo seja ruim. Só é muito difícil ver o céu por detrás das nuvens e existe essa constante esperança de que o que deu tão errado entre nós se esgote e, simplesmente, não queremos mais ter esperanças.

Por que duas pessoas que uma vez se amaram tanto se separam dessa maneira? Ainda não achei um modo de lidar realmente com isso e, principalmente, com as coisas que se referem às crianças. Como posso explicar para elas o que eu mesma não entendo? Nem tudo foi uma mer... mas como chegou tão longe e por que não percebi antes?

Marie Theres, por que nessas situações não podemos nos tornar outra vez uma criança que pode procurar os pais que cuidam para que tudo fique bem outra vez? Em todo caso, infelizmente, os meus filhos não farão essa experiência, pois não é boa para eles. Nem na separação, nem se ficarmos juntos. Sinto-me muito infeliz.

Também nunca me senti tão desamparada...

Obrigada por tudo,

Sua Luisa

2 de Novembro

Querida Marie Theres,

Desde que ficou resolvido que Detlev se mudará, nós nos entendemos perceptivelmente melhor. Considero isso inteiramente esquizofrênico. Por que a gente se separa, se nos entendemos tão bem? Se não nos separamos, nós não nos entendemos.

Ciao.

Luisa

3 de Janeiro

Querida Marie Theres!

Eu lhe desejo um ano extraordinário, muito legal!

O Natal afinal foi bastante bonito, realmente sem *stress* e brigas e muito harmonioso. Depois ficou visivelmente mais tenso. O dia do Ano Novo passou e no dia seguinte pela manhã ele me atacou, ajoelhou-se sobre o meu tronco enquanto eu ainda estava na cama, tapou a minha boca (e infelizmente parte do nariz, de modo que não consegui respirar) e mordeu o meu pulso direito. Esse bundão!

Motivo: eu devia dormir com ele e não quis!

Agora espero que a mudança dele dê certo. Ou a nossa situação melhora, ou ela fica na mesma ou piora.

Um abraço,

Luisa

3 de Janeiro

Querida Marie Theres,

Sim, essa coisa de resto de paixão pode ser verdade. Em todo caso, cada vez mais tenho a impressão de que o relacionamento de Detlev comigo foi construído em primeiro lugar pelo sexo e paixão e menos pelo amor, cuidados e confiança.

Na verdade, pude constatar mais uma vez que ele gasta mais tempo e dinheiro em fazer massagens, surfar pela Internet, ler revistas ou comprar vídeos do que com os filhos, comigo, com a organização doméstica ou os seus negócios. Como as mulheres podem ser tão cegas? Às vezes ele está presente, o Detlev, pelo qual me apaixonei amargamente, com o qual casei e do qual senti tanto orgulho e com quem tive dois filhos maravilhosos. E depois existe esse homem que me dá ânsias, que se descontrola, bate, grita com os filhos, destrói coisas e almas, nunca pede desculpas e, enfim, não assume a responsabilidade por nada.

Portanto, torça por mim para que Detlev realmente se mude no próximo final de semana e para que a partir de então haja uma luz no meu horizonte.

Sinta-se fortemente abraçada,

Sua Luisa

3 de Fevereiro

Querida Marie Theres,

Detlev mudou-se para sua nova casa no final de semana, embora não tenha ainda levado todas as coisas dele, mas acho que no próximo final de semana ele as levará. Ele veio buscar os filhos no domingo, depois de ter passado duas noites lá. Logo pela manhã ele me enviou um e-mail: Querida, vamos tomar banho juntos amanhã? Até eu descobrir a mensagem ele já estava aqui e eu já estava pronta, totalmente vestida. Aí ele ficou me bolinando por baixo do pulôver.

Quando eu lhe disse que não concordava com isso, principalmente agora que o relacionamento não existe mais e que, afinal, tudo isso não tinha sentido... Bem, ele parou, nós tomamos café juntos com as crianças, mas de algum modo não conseguimos manter nenhum diálogo ajuizado. Então Detlev começou a empacotar rapidamente as coisas dele, como se tivesse apenas dez minutos de tempo e caso contrário tivesse de deixar tudo para trás. Primeiro me afastei porque simplesmente era doloroso demais ver como o nosso relacionamento havia de fato terminado.

Mais tarde, quando entrei na cozinha descobri que a cesta de frutas de florzinhas, que ganhei da minha avó, havia desaparecido. Quando interroguei Detlev sobre ela, ele gritou comigo, perguntando do que eu falava, e que ele não sabia onde estava essa cesta. Finalmente, ele se aproximou de uma caixa que acabara de empacotar, e eis que ali estava ela. Com muita raiva ele a arremessou pelos ares e ainda consegui pegá-la com esforço antes que se espatifasse no armário. Detlev disse que isso podia acontecer. Respondi que sim, por isso perguntei. E antes que me desse conta, ele pulou atrás de mim. Eu ainda consegui deixar a travessa de louça a salvo no fogão, aí ele me empurrou contra a parede no peitoril da janela, bateu a minha cabeça na beirada e gritou como louco comigo.

As crianças estavam em pé na porta da cozinha de olhos arregalados de espanto e começaram a chorar. Quando eu disse para Detlev parar, também por causa das crianças, ele as empurrou para o corredor do lado de fora, fechou a porta da cozinha e me jogou de novo no chão. Em seguida sentou-se em cima de mim e me bateu na cabeça, me agarrou pelos cabelos e bateu minha cabeça várias vezes seguidas no chão da cozinha, sempre no mesmo lugar. Ao mesmo tempo gritava impropérios diretamente nos meus ouvidos. Sequer lhe posso dizer o que eram, porque tudo aconteceu depressa demais.

Por fim ele me largou, empacotou mais algumas coisas e finalmente foi embora com os filhos. Helena estava totalmente arrasada. Ela soluçava e estava muito desesperada porque o papai havia lhe prometido que nunca mais brigaria comigo — e agora isso!

Foi horrível. Depois de chorar como uma idiota, telefonei para uma amiga. Em seguida fui ao hospital para registrar os inchaços e ferimentos para poder denunciá-lo. Também telefonei para a polícia, mas quem atendeu era um verdadeiro burro, que me fez perguntas idiotas, com a admoestação: por que eu fora tão boba de manter um homem violento como esse em casa e o que a polícia podia fazer, visto que ele não estava mais em casa. Eu me dei o direito de responder que eu não estava em condições de deixar que falasse desse modo comigo e desliguei. Ainda posso fazer a denúncia a qualquer momento.

Além dos galos por toda a cabeça, tenho uma equimose azul de cerca de doze centímetros na nádega direita, de quando ele me jogou contra o peitoril da janela, com as chaves na mão. Quase não posso me sentar. E hoje todo o corpo começou a doer, porque tenho dor muscular por toda parte. Quase não posso me mexer.

Por volta das 21 horas ele me telefonou dizendo que não queria que isso tivesse acontecido e que sentia muito. Mas um autêntico pedido de desculpas não foi feito.

Receba o meu abraço e até logo,

Sua Luisa

Jutta Rotter

Tanto

Ele sempre a queria por perto.
Ficava aborrecido quando ela flertava com os outros.
Ele não gostava das amigas dela.

Ela pensou: ele me ama muito, ou não seria
tão ciumento.

Ele controlava as bolsas dela.
Ele não a deixava sair sozinha.
Ele queria casar-se com ela.

Ela pensou: ele me ama infinitamente, ou não desejaria casar-se comigo.

Ele controlava os telefonemas dela.
Ele abria as suas cartas.
Ele a proibia de sair com suas amigas.

Ela pensou: ele só age assim porque me ama muito.

Ele a trancou em casa.
Ele não percebeu que interiormente ela se distanciava dele.
Ele vociferou quando percebeu isso.

Ela não pensou mais nada, ela estava morta, porque ele a amava demais.

O aposento sem eco

Marie Theres Kroetz-Relin

A solidão indesejada

"O século que acaba de se iniciar será o século da solidão."

Erwin Pfister

A solidão atinge todos nós e nos encontra por toda parte. De acordo com o dicionário, solidão significa estado de quem se sente ou se encontra só ou desacompanhado.

Há três anos eu fui passar um fim de semana com quatro amigas no Mar do Norte. No trem, no trajeto de volta, todas telefonaram para os seus maridos e anunciaram a sua volta. Cheias de gozo antecipado elas desceram do trem e foram tempestivamente tomadas nos braços. Na casa da maioria delas, esperava-as uma lareira acesa e/ou uma garrafa de champanhe, como fiquei sabendo depois.

Eu, no entanto, subi no meu carro na estação ferroviária, fui para a minha casa fria e escura. Então me senti muito só!

(Marita Beckmann)

Mas haverá também uma solidão indesejada? Nós não deparamos todos os dias com situações superpovoadas, portanto "repletas de pessoas"?

Deus é um bazar (Franz Xaver Kroetz) — o consumo tornou-se a nossa religião. Nós corremos com as massas para a "catedral supermercado" a fim de fugir do diálogo na loja da tia Emma.

Eu compro, portanto, sou.

Nós nos sentamos com conforto diante do nosso "altar", a televisão, e "olhamos" encantados para o mundo na telinha. Nós inalamos a imagem da mídia e interiorizamos os valores vendidos pela indústria. Nós quase não elaboramos a abundância de informações. Sentamo-nos durante horas diante do computador, nos movemos em mundos virtuais, *chats* e foros e tentamos romper a nossa estupefação com uma identidade criada.

Os nossos filhos crescem nesse mundo de consumo pregado pela mídia e se identificam através da Internet, do *Gameboy*, do *Playstation*, da televisão e da prosperidade, sempre correndo atrás das tendências.

Se por algum motivo não nos adaptamos a essa imagem sugerida de fora pela mídia, seja por doença, velhice, desmembramento social, pela necessidade financeira ou pelo vício, pela integração mal-sucedida ou não por último pela falta de autoconsciência, rapidamente escorregamos para a solidão indesejada, independentemente do fato de sermos jovens ou idosos.

> *"Revolução das donas de casa significa finalmente ter a coragem de aparecer de debaixo da pedrinha escura."*
>
> *Barbara Fabricius-Exner*

Elena Golfidis

Arasch tem Aids

Arasch, de quarenta e um anos de idade, está com Aids. O vírus foi descoberto nele há vinte anos. Em conseqüência de uma doença provocada pela Aids, ele quase não consegue falar desde 1996.

Alô, Arasch, você se declarou disposto a me dar uma entrevista para a revolução das donas de casa, vamos fazer isso pelo telefone ou por SMS?

Melhor por SMS porque datilografar um pouco eu consigo com a minha "mão boa". Por telefone não dá... é muito difícil para mim.

Está gostando da casa de saúde em Bad Aibling?

Vou indo. O quarto é terrivelmente desnudo, não há nenhum quadro na parede, nenhuma flor, nada. Na verdade, o pior é o distanciamento.

Como, distanciamento?

Bem... porque todos, especialmente o meu filho e Angelika, estão muito longe. Raramente recebo visitas. Dá para ver por você... você quase não vem!

Sim, é verdade, mas a viagem demora mais de uma hora pela estrada com o carro... não é tão rápido assim.

É isso... e eu estou muito sozinho aqui! Tagarelar pelo telefone também não dá... porque eu falo muito mal.

E como é a situação com os outros pacientes?

Divido o meu quarto com um paciente em coma induzido. Além disso, ele fez uma traqueostomia e de hora em hora precisa ser aspirado. O ruído é bastante alto e tenho dormido mal.

Qual é o tratamento?

Naturalmente não é tão bom como no hospital, aqui eles têm uma escala bem diferente de tratamento. Uma enfermeira sempre grita comigo — se eu não entender rapidamente o que ela quer de mim ou se fico com medo quando ela me senta na cadeira sanitária. Infelizmente não tenho mais uma cadeira de rodas — portanto, quando quero me sentar preciso da cadeira sanitária. Mas nela eu não posso sentar-me bem, logo tudo começa a doer!

Onde ficou a sua cadeira de rodas?

A casa de saúde deve ter ido buscar de volta na minha casa.

Você vai receber uma cadeira de rodas nova?

Não faço idéia.

E a enfermeira que grita? Você não lhe pode explicar que você não gosta que gritem com você?

Ah, ela também grita com o paciente em coma induzido. Além disso, não posso perdê-la por leviandade. Senão, talvez eu tenha de pagar por isso.

No que se refere ao lar de saúde, o que você desejaria?

Que eu pudesse ter uma televisão. Talvez me transfiram de quarto, então isso será possível. Mas eu preferiria ter um lugar em Munique. Você não pode fazer alguma coisa?

Eu não sei. Angelika e eu estamos tentando uma transferência. A ajuda aos aidéticos também está se empenhando.

Isso seria bom — eu estou tão só!

Do que você sente mais falta?

De Joschi e de Angelika.

Com que freqüência você vê o seu filho e Angelika?

Não vi mais Joschi desde que estou aqui, não queríamos incomodar o paciente em coma induzido. Ele já sofreu demais. Angelika veio duas vezes. Infelizmente a passagem é muito cara. Ela realmente não pode pagar. No hospital eu não estava tão só!

Você se recuperou tão bem no hospital que teve de sair!

Sim, eles disseram que eu não era mais um moribundo!

O que você pensa hoje sobre a morte?

No momento não penso em morrer. Prefiro pensar nos bons tempos com todos vocês. Já refleti demais sobre a morte.

O que você deseja para o futuro?

Ficar mais perto de Joschi e de Angelika.

Obrigada pela entrevista, Arasch, Ciao!

Ciao, bella!

Essa entrevista durou sete dias e houve inúmeros telefonemas e notícias SMS.

Angelika Golfidis-Laschai

Vício das drogas — relato de uma experiência

Alô, meu nome é Angelika, na semana que vem faço trinta e oito anos. Vivo com o meu filho Aljoscha a cerca de trinta quilômetros de distância de Munique. Do meu marido Arasch eu vivo separada há quatro anos. Ele está no estágio terminal da Aids, ele é HIV positivo há vinte anos.

Fomos dependentes de drogas durante muitos anos.

Nós nos conhecemos numa comunidade habitacional de transição para dependentes de drogas. Arasch foi e é o homem mais bonito que conheço.

Com certeza eu não tinha intenção de me apaixonar por ele, mas ali não podíamos sair de perto um do outro; afinal, morávamos sob o mesmo teto. Uma vez não tomei cuidado e fiquei grávida. A alegria para todos os participantes, para a família e amigos, e, principalmente a minha, foi enorme, quando duas horas depois do parto de Aljoscha se descobriu que eu não fora infectada. Eu estava saudável e a contaminação não poderia passar de mim para a criança. Essa provavelmente foi a primeira vez que fiz algo certo ao confiar na minha intuição e ao ter esse filho. Arasch pensava o mesmo. Aljoscha é um presente, um pequeno milagre. Seu pai vive e luta unicamente por Aljoscha. A doença irrompeu em 1994, primeiro tuberculose e depois um vírus que danificou o cérebro. Há sete anos ele está parcialmente paralisado, quase não consegue mais falar. Isso nos atingiu severamente, desde o primeiro fenômeno leve de paralisia até a ruptura total e o estado de risco à vida não se passaram nem quatro semanas. Eu recaí com codeína porque não queria ser condenada por causa de Aljoscha, o que seria o caso se eu usasse heroína. A minha família bem como a de Arasch chegaram de viagem. O seu pai veio da América do Norte, a mãe da Itália. Eles passavam dia e noite no hospital. Junto de Arasch que ficava cada vez pior. Era um pesadelo absoluto tornado realidade. Eu funcionava como uma máquina. Só ficava com Aljoscha à noite na minha cama, o resto do dia ele ficava com a minha tia. Sem a ajuda da minha família, da minha irmã que mora em Munique eu não teria sobrevivido a esse período. Certa vez sonhei, às cinco horas da manhã, que Arasch gritava desesperado por mim, sempre outra vez, "Geli!". Corri para fora da cama, fui até o telefone que já começava a tocar. Era da clínica, se eu podia ir correndo. Ele realmente havia me chamado, nossa ligação também era muito forte, já naquela ocasião. Minha irmã foi a primeira a chegar junto de Arasch no hospital, ela achava que ele havia lutado com a morte durante mais de uma hora. Eu primeiro tinha de ir a Munique de metrô, por isso cheguei mais tarde e quase desmaiei de susto chorando. Do balcão fui para o quarto e só vi uma parede branca diante da cama, armada no quarto quando alguém está morrendo para que os outros pacientes não percebam nada daquilo. Como infelizmente eu sempre tendo para a tragédia grega, minha irmã primeiro teve de me consolar e acalmar. Eu pensei que Arasch estivesse morto, mas ele dormia. Depois de estar internado no hospital durante cinco meses e depois num hospital para pacientes terminais ele foi enviado de volta para casa, como um caso que requeria cuidados. A nossa vida tornou-se um drama. Arasch não conseguia lidar com a sua deficiência, havia brigas, muitas brigas. Nada eu fazia suficientemente bem, a mãe dele também não. Com ela, ele tinha ainda menos paciência do que comigo. Ele a beliscava. Ele também tinha dificuldades comigo. Eu era egoísta demais, não estava acostumada a ficar em segundo plano, a reprimir as minhas necessidades.

Ele aprendeu a falar e a andar um pouco melhor. Então há quatro anos, depois da longa luta, depois de várias tentativas de salvar o nosso casamento, Arasch se mudou. Antes ainda tentamos dormir em quartos separados e sermos somente os pais de Aljoscha, vivendo sob o mesmo teto. Mas isso também não deu certo. Eu também sempre tentei fugir, me sentia presa. Num ano eu escapei quatro vezes, às vezes ficava ausente durante uma semana, só para recair. As recaídas, a resignação, isso era o pior. Fiquei doente, os cabelos caíam aos montes, em círculo. Sofri muito e por causa da metadona engordei quinze quilos e eu, que até então ao menos fora bonita, agora só me achava feia. Eu sempre tive um círculo maior de admiradores à minha volta, esses também se afastaram, provavelmente porque eu negligenciara a maioria dos contatos. Eu estava presa ao meu sofrimento, e só quando fiquei à beira do leito de morte do meu pai, gorda e deformada, na verdade acabada, é que jurei para mim mesma parar com as drogas.

Isso não passou por Aljoscha sem deixar vestígios. Ele usou chupeta até os oito anos de idade. Por causa disso logo terá de usar um aparelho ortodôntico, visto que os dentes dele são protuberantes. Apesar do nosso vício, Aljoscha sempre esteve em primeiro lugar para nós. Eu procurava estar presente para ele durante o dia, à noite eu usava drogas, metadona e dez diasepans. Parei há cerca de um ano. Eu estive em Munique e me desintoxiquei numa estação para mãe e filho. Quando se usa drogas há muito tempo, a desintoxicação física demora uma eternidade. Mesmo correndo o risco de ser considerada egoísta, sem Aljoscha que passava os finais de semana comigo, eu não teria conseguido.

Hoje Arasch e eu somos amigos. Depois de uma odisséia que durou meses num hospital, ele foi parar numa reabilitação, ali ele deve aprender a andar outra vez. Ele, que já escapou da morte. Dessa vez ele não ia comemorar a Páscoa: um novo vírus no cérebro, os médicos haviam novamente desistido dele. Aconteceu outra vez um milagre com ele, por menor que fosse, seja por quanto tempo durar. Não podemos mais viver juntos, porque hoje eu aceitei que uma pessoa tão doente precisa de muito mais paz do que poderíamos lhe oferecer aqui em casa. Os remédios dele também eram um problema. Eu não podia viver mais sob o mesmo teto com drogas. Há tantos motivos para deixar tudo como está! Antes eu sempre tinha medo, precisava afastar o olhar. Hoje usufruo a sobriedade, posso ficar relaxada. Um dos meus objetivos é escrever um livro sobre a minha vida e a de Arasch, também para Aljoscha, para que ele entenda tudo melhor.

No último ano pediram a casa em que eu moro com Aljoscha. Ainda não encontrei outra, mas estou otimista. Hoje nem tenho mais telefone, isso sem falar do acesso à Internet; estou pagando as dívidas. Mas sei que a situação não ficará assim, porque a vida está em constante movimento e eu aprendi que na vida tudo é uma questão de causa e efeito. Agora estou tentando praticar esporte e comer saudavelmente (renúncia ao açúcar), vou eliminar a minha barriga. Ainda tenho uns quilos a mais no meio do corpo. Por sorte não dá para perceber os meus longos anos de dependência. Infelizmente, o vício me custou todos os dentes. Uso uma dentadura e isso só se percebe olhando de perto. Já sofri muito por isso. Se eu tivesse dinheiro, essa seria a primeira coisa que eu mudaria. Meus cabelos estão crescendo outra vez, já passam dos ombros. Em seguida, vou voltar a estudar. Ainda mantenho um contato estreito com Arasch, isso continuará assim, ele pertence e vive conosco há muito tempo. Só que agora não preciso mais ter medo de que Aljoscha se desvie. Como consegui obter clareza na minha vida, eu posso ajudá-lo em seu caminho. Sempre é difícil, mas não devemos desistir, eu aprendi isso.

Para mim é importante que outras mulheres conheçam o destino das outras pessoas como eu, e a mensagem para vocês é a seguinte: Prestem atenção, lidem cuidadosamente com a sua vida.

Elena Golfidis

Sobre a entrevista com Arasch

Por que me sinto tão vazia, tão indizivelmente cansada?

Foi somente uma entrevista.

Nem mesmo uma entrevista muito longa.

Não precisei pesquisar nada, nem preparar alguma coisa.

Eu já sabia tudo sobre o assunto — meu parceiro de entrevista é meu cunhado.

Conheço a sua história há muitos anos.

Apesar disso, foi como se eu estivesse sentada ao lado dele durante sete dias e tivesse vivido pessoalmente todos os contratempos.

Para uma pergunta precisamos em média de um dia.

Ou eu não conseguia entendê-lo ao telefone devido à sua limitação de fala ou não ficava realmente claro para mim o que ele queria dizer com as suas respostas.

Então era hora dos cuidados ou ele estava cansado e tinha de dormir.

Ou eu tinha de trabalhar. Ou estava ocupada fazendo limpeza, ou estava com a criança.

Depressa mais uma entrevista, telefonar rapidamente, mais uma vez colocar o telefone no gancho.

Meus pensamentos estão se desviando outra vez — por que tudo isso é uma loucura?

Ele tem a mesma idade que eu — mas está na casa de repouso e não há perspectiva de cura.

A placa de ajuda à Aids chamou a minha atenção:

"Se eu tivesse câncer, eu teria uma oportunidade."

Esse ditado não é uma blasfêmia?

Mas está correta. Não existe nenhuma chance real de cura.

E se amanhã for encontrado um medicamento?

Será que ele sonha com isso?

O filho dele sonha.

Ele diz que não quer morrer nessa casa de repouso.

O hospital diz: ele pode voltar para morrer.

Ele não quer voltar para morrer.

Nota da editora:

Arasch morreu no hospital no dia 8 de maio de 2004.

Simone S.

Autoconhecimento

"Eu sou alcoólico!" Assim deve falar alguém que comparece aos Alcoólicos Anônimos, à obra de Lucas, à Cruz Azul e a muitos outros grupos de auto-ajuda.

Eu e os alcoólicos? Não, certamente que não. Lá estão os outros, eu não! Eu não preciso ir aos anônimos, eu não preciso de ajuda profissional. Eu não tremo de manhã.

Essas são as frases com que todo alcoólico convence a si mesmo. Correto: doente de álcool. Pois o alcoolismo é uma doença. Uma cura sem ajuda na maioria das vezes é impossível. É preciso muito tempo para que confessemos a nós mesmos que estamos doentes, que somos viciados. Quando a barriga de alguém dói, podem ser muitas outras coisas, mas a dor não é causada pelo álcool.

E com esse autoconhecimento demora ainda mais até procurarmos ajuda. É lamentável. Alcoólicos, ainda há os que dormem na rua, os mendigos, os *punks* com as suas latas de cerveja no parque. Eu não posso me incluir entre eles. Eu bebo apenas cerveja, eu não gosto de cachaça.

E, no entanto, é verdade.

Como começou? Certamente como acontece com todo alcoólico. Temos problemas. E tentamos verdadeiramente afogá-los.

No início foi simplesmente para relaxar... depois de um turno de doze ou até de quatorze horas tomar meia cerveja à noite para agüentar. Muitos fazem isso!

Então os problemas domésticos ficaram cada vez maiores, o consumo de cerveja também aumentou. Só que não se tratava mais de uma cerveja, eram três. Depois do trabalho, procurar os conhecidos, depois do turno de quatorze horas — das seis horas da manhã até as vinte e uma da noite —, sem ter comido uma verdadeira refeição durante o dia. Havia três cervejas, para descontrair.

Mas era preciso voltar para casa, o carro estava parado na porta, seria urgentemente necessário na manhã seguinte. Lá fora o chão estava liso. O carro fez a curva na ponte e bateu contra a balaustrada. A conseqüência foi uma ruptura na barra de direção, mas ainda deu para chegar em casa — depressa, para não cair nas mãos da polícia.

Durante três anos ficou nessas três cervejas diárias. Então aconteceram os próximos problemas difíceis. Dessa vez também de ordem financeira. Dessas três cervejas logo passei para quatro, e mais tarde para cinco. A caixa só durava quatro dias.

A gente vigia o relógio para ver quando pode abrir a primeira garrafa. Não muito cedo, 5 da tarde está bom. A primeira garrafa desce como óleo, três tragos e ela já está vazia. Quase em seguida a outra é aberta. Às 8 horas as três primeiras garrafas estão vazias e nos sentimos melhor. Os problemas estão embrulhados em algodão.

Bebemos a cerveja seguinte para talvez poder dormir à noite. Ela nos deixa meio cansados, mas somente o quinto meio litro nos dá o necessário cansaço para ir para a cama. Dormir? Apesar de tudo não dá muito certo, nenhuma noite passa de quatro horas de sono. Acordamos à noite porque precisamos ir ao banheiro, porque temos sede. Não sentimos quase nenhuma sensação de fome e nos satisfazemos com a menor quantidade de comida, mas o estômago sempre dói, ficamos com azia.

E sempre a intenção na mente, amanhã não vou beber nada. Não ter o gosto insípido na boca, a sensação de tontura ao levantar. Nada mais de consultar o relógio a fim de ver quando "podemos" abrir a primeira garrafa, não precisar mais ter medo de talvez sair com o carro à noite. Não mais ter medo de que pela manhã talvez a vizinha nos encontre na escadaria e de dar "bandeira".

Os alcoólicos são bons em encobrir. Além disso, eu também não tremo. Em todo caso, quem me conhece, percebe uma inquietação crescente assim que vai chegando a hora. A idéia de que não haja cerveja suficiente à espera de noite, de que não poderei chegar em casa na hora — isso me envergonha. É doloroso confessar que tenho um problema com o álcool. As tentativas de falar com a família sobre isso foram recusadas sorrindo: "Você, imagine!" — "Os alcoólicos têm outra aparência!" — "Se você acha, simplesmente pare de beber!"

"Simplesmente pare de beber" — como se isso fosse fácil. Quantas vezes existe a intenção de "simplesmente" largar a bebida? Ela existe diariamente — e diariamente o meu vício me engana outra vez.

Existe ainda um grande medo: de ir a um grupo de auto-ajuda ou algo parecido. Eu não sei como. Mesmo que eu tenha consciência de que devagar estou me afundando. Não, nem mesmo é o medo que me impede. É muito mais o escrúpulo. Confessar a si mesmo e aos outros que temos a doença do alcoolismo. Para outros vícios contamos com a compreensão da sociedade. Por exemplo, as pessoas viciadas em magreza são ajudadas. Talvez porque esteja visível que estão doentes. Ninguém percebe que eu estou doente. Eu não sou descuidada, nunca me descontrolo quando bebo algo e mesmo depois de cinco cervejas ainda posso conversar e até andar sem oscilar. Não se vê nada em mim. Nós nos tornamos mestres em iludir; mentimos para os médicos, se eles nos perguntam se bebemos e quanto. E, com isso, apenas estamos mentindo para nós mesmos.

Eu quero conseguir me livrar da bebida. Eu não quero que o álcool ocupe um lugar cada vez maior nos meus pensamentos. Mas é possível conseguir isso sozinho? É possível conseguir isso sem ajuda profissional? Eu ainda não estou no ponto de revelar meu vício em público. Mas é exatamente esse o primeiro passo que aprendemos numa terapia. Confessar francamente: "Eu sou alcoólico!"

Eu dei um pequeno passo, agora preciso dar o segundo.

Marita Beckmann

O que eu realmente espero

Hoje os seres humanos ficam cada vez mais velhos, mas infelizmente não mais saudáveis. Em muitas famílias há um caso de cuidados, na nossa é a minha mãe.

Ela foi muito severa comigo e apanhei muito, até com o batedor de tapetes, o que certa vez até provocou a quebra do osso do nariz.

Um abraço da minha mãe era coisa inimaginável.

Eu não sei o que teria acontecido se eu não tivesse o meu pai.

Durante os últimos anos tudo isso subiu à tona outra vez, nunca vou perdoá-la. Por isso, cuidar da minha mãe não é fácil para mim, mas eu vejo como meu dever, apesar de ter cuidado suficientemente na minha vida: primeiro, de minha avó durante cinco anos, depois, da minha filha e justamente agora, da minha mãe.

Há dez anos estou só, educando sozinha os meus dois filhos, um filho de vinte e um anos que está estudando, e uma filha de dezesseis anos que tem síndrome de Down.

Para sustentar a minha pequena família, trabalho meio período no setor de compras; além disso, ainda tenho casa e jardim, e acho que como ocupação deveriam bastar. Mas ainda não era suficiente: quando o meu pai faleceu, há três anos, de um dia para o outro a saúde de minha mãe (83) começou a decair. Hoje ela não pode andar nem se sentar. Organicamente, ela está saudável, só a sua memória diminuiu muito. Ela fica deitada na sua cama hospitalar e está sempre insatisfeita, e é injusta, principalmente comigo.

Há anos ela certa vez me disse que queria ter um filho só, e somente uma menina, para que cuidasse dela na velhice. Pois bem, pelo menos isso deu certo. Eu sou uma menina e cuido da minha mãe.

O trabalho em si não é tão ruim, mas as censuras em relação a tudo que faço e fiz de errado na sua opinião, me abalam muito, pois faço o que posso, mas ela não reconhece.

Quase todos os dias temos as nossas brigas. Ela me acusa de não ter me preocupado com ela, que ficou sozinha durante o dia todo. Não foi para isso que ela se esforçou em me educar, para agora sozinha ter de se arranjar com tudo. E ela conta isso tudo para cada visita e para quem lhe telefona.

Para mim, esse é um grande problema, pois nem todos falam comigo sobre o assunto, mas passam adiante o que ouviram.

Minha mãe ainda parece bonita e cuidada, por isso, muitos nem imaginam que está confusa devido à senilidade e que não se deve acreditar em tudo o que ela diz. Só sabem disso as pessoas que vêm mais vezes.

Os cuidados com minha mãe são os seguintes: pela manhã a enfermeira vem cuidar da sonda e lhe dá banho, depois uma vizinha passa rapidamente e lhe traz algumas frutas ou flores. Duas vezes por semana, por volta das doze horas, uma pessoa que faz ginástica com doentes vem para a terapia do movimento; além disso, a cada quatro semanas vem o cabeleireiro, a podóloga e o médico de família.

Volto do escritório cerca das treze horas e preparo o almoço. Na maioria das vezes cozinho à parte para a minha mãe, pois ela não quer comer muitas coisas, como carne, macarrão ou arroz, e também determinados temperos. Ela gosta de batatas e verdura refogada ou um prato único como os "de antigamente". E, é claro, antes tudo era melhor.

Eu levo comida na cama para ela, que come com satisfação. O dia dela consiste principalmente em comer: ela tem uma grande travessa de frutas, cheia de uvas, maçãs, pêras e bananas, que é completada diariamente. À tarde ela gosta de comer bolo ou biscoitos com café, e à noite pepinos, tomates ou folhas verdes com pão. E para a noite uma xícara de chá de frutas. Muitas vezes a ouço dizer: "Não estou com nem um pouco de fome". Não é de admirar, com o que ela consome num dia, mas não está consciente disso. Ela acha que não come quase nada e eu desisti de dizer o contrário.

Seus pensamentos muitas vezes estão na Silésia, onde nasceu. Mas o que lhe contamos sobre hoje ou a última semana, ela logo esquece e nega ter ouvido algo sobre isso.

À tarde eu arrumo a casa dela (85 metros quadrados), à saída do pessoal da enfermagem que, por exemplo, não deu a descarga depois da evacuação. Finalmente eu preparo tudo o que será usado no dia seguinte, vou fazer compras e faço os telefonemas para o plano de assistência, o serviço de enfermagem etc. Minha mãe é um caso de cuidados II, isso cobre os cuidados matinais. Nada mais está incluído, pois de acordo com o serviço médico minha mãe quase não dá trabalho, visto que, por causa da sonda na bexiga, ela não precisa ir ao banheiro e ela também pode comer sozinha. Se eles soubessem... Tudo tem de ser preparado em pedaços que lhe caibam na boca e, apesar disso, ela derrama muita comida à volta do prato. Naturalmente isso produz uma montanha de roupa para lavar. Para meu desgosto, minha mãe tem montanhas de camisolas e roupas de cama dos "bons velhos tempos", isto é, roupa que precisa ser passada. E é claro que ela dá muito valor a uma roupa bem passada e recusa roupa nova. "Tudo isso não presta", ela diz. Mas aos poucos estou substituindo as coisas antigas por roupas fáceis de cuidar.

Apesar de tudo, os cuidados com ela não são o mais difícil, mas o fato de, à tarde, no fim do expediente de trabalho no escritório, eu ter de voltar imediatamente para casa e cozinhar para a minha mãe. Como eu gostaria de dar um passeio pela cidade ou ir tomar um café com uma amiga. Isso não é possível, porque minha mãe logo entra em pânico, basta o bule de chá ficar vazio e ela grita por socorro! Para os vizinhos isso é motivo para eu prestar mais atenção!

Para poder trabalhar dias inteiros é preciso muito planejamento, ou seja: preciso preparar pela manhã comida fria para o almoço e explicar exatamente para a minha mãe por que não estarei presente na hora costumeira. Com isso ela novamente terá muitos motivos para se queixar às pessoas como eu cuido mal dela... Férias? Eu nunca sobreviveria aos preparativos antes e depois.

Acho que me cansei, onde eu estava mesmo?

Em toda parte estimula-se a economia, os parentes estão fortemente envolvidos nos cuidados, as contas dos filhos e dos netos devem ser examinadas para possíveis contribuições. Para onde levará tudo isso? Quem leva os parentes em consideração?

Eu criei os meus filhos (apesar de que a minha filha sempre será dependente, mas esse é outro assunto) e agora estou ocupada com os cuidados à minha mãe e novamente presa.

Trabalhar em tempo integral para ter um salário melhor é impossível; em todo caso recebo uma contribuição da Caixa Beneficente que é depositada em minha conta.

Mas o que eu realmente espero é que minha mãe diga, nem que seja uma única vez: "Você fez isso muito bem, minha filha".

Autora desconhecida

Vocês pensam...

Vocês pensam, quando me vêem: uma mulher velha, carrancuda, não especialmente ágil, insegura nos seus hábitos, com olhar distante, que continuamente deixa a comida cair, que não responde quando se queixam dela porque não ficou pontualmente pronta outra vez. Que não parece perceber o que vocês fazem e que constantemente deixa a bengala cair: alimentá-la, lavá-la e tudo o mais que faz parte disso.

Irmãs, digam o que vocês pensam de mim quando me vêem dessa maneira, vocês podem dizer?

Abram os olhos, irmãs, me olhem mas atentamente!

Devo contar-lhes quem eu sou, eu que estou sentada silenciosa aqui, que faz o que vocês querem e que come e bebe quando é conveniente para vocês.

Sou uma criança de dez anos com um pai e uma mãe que me amam, e minha irmã e o meu irmão.

Uma garota de dezesseis anos, esbelta e bonita que sonha encontrar logo um homem.

Uma noiva, de quase vinte anos, meu coração bate forte ao pensar na promessa que fiz e recebi.

Com vinte e cinco anos eu ainda não tenho filhos que precisem de mim em casa.

Uma mulher de trinta, meus filhos crescem depressa e ajudam um ao outro.

Com quarenta, todos são adultos e saem de casa. Meu marido continua presente e a alegria não acabou.

Com cinqüenta vêm os netos e eles preenchem os nossos dias, novamente temos crianças — meu amado e eu.

Dias escuros caem sobre mim, meu marido está morto. Rumo para um futuro cheio de solidão e necessidades.

Os meus têm muito que fazer com eles mesmos, mas as lembranças de anos e do amor são minhas.

A natureza é horrível quando se fica velha e curvada, parecemos um pouco alienadas.

Bem, sou uma mulher idosa, que vê suas forças a abandonarem e o encanto desaparecer. Mas neste velho corpo ainda vive uma menininha; de vez em quando meu coração comovido palpita.

Eu me lembro das minhas dores, e eu amo e vivo a minha vida mais uma vez, percebendo que tudo passou voando por mim e aceito os fatos frios de que nada vive para sempre.

Quando vocês abrirem os olhos, irmãs, vocês só verão uma mulher idosa carrancuda.

Aproximem-se, olhem para mim.

Brigitte Hieronimus

Quando uma mulher é uma mulher?

Quando ela é loura ou está bronzeada pelo sol?

Quando ela tem longos cabelos e pouco juízo?

Quando não está nem gorda nem magra demais?
Quando ela mesma se ama muito, quando ela deseja que seu homem a ame assim?

Comecemos assim.

O seu corpo é o melhor amigo de uma mulher.

Ela fica com ele durante toda uma vida.

Encurvado e quebrado, venha o que vier!

Quem ensinou as mulheres a recusar o seu corpo? Quem as ensinou a amá-lo?

Na escala, o corpo está bem acima quando se trata de encobrir inconvenientes e carências; ele é observado atentamente e, por menor que seja a mudança, esta é registrada. Não só em si mesma. Não, principalmente também nas outras mulheres!

Rugas, leves depressões, rolos de gordura, pés de galinha, calos, quadris largos demais, barriga grande, seios pequenos demais, isso sem falar das estrias da gravidez e das varizes.

Isso sempre foi assim?

Se uma menina está no berço, ela só tem uma tarefa. Ela precisa ser bonitinha e agradar ao papai. Quando ela aprende a andar, ela não deve se sujar e agradar à mamãe. Quando vai para a escola, deve ser esforçada e agradar à professora. Quando entra na puberdade ela deve ter as curvas no lugar certo e agradar aos meninos. Quando se casa, deve administrar a casa e agradar ao marido. Quando se torna mãe ela tem de ser feliz e agradar somente ao bebê. Se seguir uma profissão, ela tem de ser competente e compatível e, naturalmente, agradar ao chefe.

Quando ela entra na menopausa, ela não precisa mais agradar ninguém.

No máximo, deve agradar ao deus de branco que lhe aconselha a engolir pílulas para que continue mulher e não contraia uma doença grave precoce.

Mas para quem ela precisa ser mulher agora?

Ninguém mais se vira quando ela passa.

Ninguém mais a ouve.

Ninguém parece estar interessado no que ela sabe.

Ela se sente mais idosa do que é e mais doente do que precisaria ser.

A pele se contrai e fica oleosa e começa a enrugar bastante.

O coração bate inquieto.

A pressão arterial sobe.

As mucosas ressecam.

O desejo parece morto.

Nenhum homem por perto anseia por ela.

O grande anseio não é satisfeito.

Pai nosso, que nunca estivestes na Terra.

Espera.

Não, desse jeito não!

Vamos começar outra vez do começo.

O melhor amigo é o seu corpo.

A mulher o ama e mantém um relacionamento carinhoso com ele.

Em cada situação de vida ela o acha belo e não encolhe a barriga, nem empina os seios quando um homem passa.

A mulher pinta os lábios de vermelho forte para si mesma, e usa roupa íntima preta em vez de malha listrada de grife.

A mulher tem duas mãos saudáveis e sabe bastante bem em que ponto do corpo elas lhe fazem especialmente bem.

Ela se intromete, se retrai, se excita, levanta, se engaja, briga e é uma irmã para si mesma.

Ela se sente feliz sem um homem e, logo depois de uma separação, não se sente logo amputada.

Se o cãozinho morre antes dela, ela não o eleva ao céu, se antes ele já fritava no inferno.

Quando a mulher sabe para onde quer ir, ela tem de dar um jeito de chegar lá.

O tempo está a seu favor... ou será que não?

Anja Quattlender

Quanto pesa a personalidade?

Um regime modifica o seu corpo, mas acaso ele a muda também?

E se muda, quanto tempo dura isso?

Mesmo a dieta mais radical deve demorar alguns meses na sua classificação de peso. E talvez depois aconteça até mesmo uma cirurgia, porque a sua pele não quis se retrair no mesmo ritmo.

No entanto, primeiro ela precisa juntar o dinheiro para a cirurgia e as cicatrizes precisam sarar.

Ainda vai demorar bastante tempo.

Finalmente, finalmente: tudo o que ela podia fazer foi feito, sair às compras e comprar os vestidos que ela sempre quis ter, mas... quais eram eles mesmo?

De repente tudo serve!

Ela é do tipo malcriado e sedutor, esportivo descontraído ou talvez do tipo perdedor?

Ela pensa nos sacos que usava antes.

Indefiníveis, simplesmente sacos e nada mais, na maioria das vezes pretos. Como você sabe, o preto emagrece.

E então eis a pergunta da qual esteve se escondendo há muito tempo: "Afinal, quem sou eu?"

Antigamente ela era simplesmente gorda, a maioria das pessoas não queria mais saber dela.

E, na sua opinião, a gordura era o bode expiatório para tudo, ela tinha culpa de todas suas misérias.

Mas por que ela ainda não tem o emprego dos seus sonhos, o homem dos seus sonhos, muitos amigos?

Ei, agora sou esbelta — onde está a minha vida formidável?

Pois bem, não é tarde demais para começar de novo, simplesmente vamos esperar.

Mas, de passagem se calcularmos depois, aconteceu uma coisa:

Passou-se no mínimo um ano.

Mais um ano em que ela não viveu.

Se você é magra, você é alguém.

Mas quem é você antes e quem você será depois?

Quanto pesa a personalidade?

A vida é curta demais para adiá-la.

Monika Zemene

Sobre ser magra e desejar ser amada

Ela devia ter dezoito anos quando um conhecido que há muito tempo não via a encontrou na companhia de uma amiga. Ele disse: "Mas como você emagreceu", ao que a amiga disse: "Ela sempre foi assim".

Ela não poderia ter dito como ela "sempre foi". Nas fotografias da sua juventude indubitavelmente ela sempre parecia magra — mas o que as fotos mostram e aquilo que ela mesma vê nelas, são coisas totalmente diferentes.

Certo, no entanto, é que não foi porque era gorda que começou a tomar purgantes. Ela também não ia ao supermercado porque estava com fome a fim de comprar quantidades enormes de amendoins e tabletes de chocolate até gastar toda a mesada. Ela não ficava correndo de bicicleta como se estivesse sendo perseguida, percorrendo trinta quilômetros de um lado para outro porque era muito esportiva. Ela não comia tudo o que estava no prato porque era muito boazinha. E ela não provocava o vômito com o cabo da escova de dentes, vomitando tudo porque isso é mais saudável.

Não, ela fez tudo isso porque era viciada. Viciada por desejar compreensão, tratamento justo, amizade e o conhecimento de si mesma.

Para dizer logo: ela não encontrou tudo isso na comida — talvez fosse esse o motivo por que vomitava tudo outra vez.

Tudo se tornou ainda pior, visto que cada vez que comia em excesso vinha naturalmente a consciência pesada, depois de cada abuso de purgantes ela tinha dores intensas de barriga e depois de cada vômito sentia muita vergonha.

Tudo acontecia em segredo — até hoje a família não disse nada sobre o assunto. Na classe dela duas garotas foram parar no soro, ela não queria isso, por natureza era magra e, portanto, ninguém percebia. Era o que ela pensava.

Todos sabiam, só que ninguém dizia nada.

Sendo assim, ela foi em busca de ajuda. A mulher da ajuda aos viciados fumava muito e tinha uma garrafa de conhaque sobre a mesa. Ela teria de participar da terapia em grupo, mas não era o que queria, havia uma porção de gordas, ela não se encaixava ali.

Dizem que a anorexia e a bulimia, os distúrbios clássicos da alimentação, não podem ser curados durante toda uma vida. Essas são hipóteses ruins, se pensarmos que é possível parar de fumar e de beber álcool, mas temos de comer...

Portanto, ela saiu de casa, e o problema ficou menor. Ela o havia confidenciado ao seu amigo, e ele se tornou menor. Ela havia tido uma amiga, ela se vangloriava disso, ela achava a amiga enjoada, então tornou-se menor.

E parou.

Agora, mais ou menos quinze anos depois, os outros a olham com inveja e sem compreender, quando ela conta que prefere comer batatas fritas e chocolates diante da televisão. Ela não engorda, é magra por natureza. Então eles dizem: "Eu gostaria de poder fazer o mesmo".

Sim, eu acrescento, nesse caso eu realmente tenho sorte.

Louise Reuter

Algumas notas não muito sérias sobre o envelhecimento

Eu sempre fico aborrecida quando uma mulher idosa é descrita como uma "anciã robusta" pela mídia — quando falam de Picasso, Reich-Ranicki, Kohl ou Adenauer ninguém diz: "o ancião robusto".

Como uma moça de quatorze anos, as de dezoito me pareciam velhas, e com vinte eu achava as mulheres de trinta muito idosas. Com os meus trinta anos, a idade das pessoas tornou-se sem importância, e agora eu mesma sou "uma anciã robusta". Dá para perceber isso porque subitamente é preciso um saneamento completo dos dentes, pelo fato de os cabelos terem de ser tingidos a cada cinco semanas, e não nos atrevermos mais a olhar atrás de um homem atraente.

Como mulher de trinta anos eu me recuso a usar um carrinho de compras, em vez disso prefiro carregar sacos e sacolas cheias pesadas. Agora eu uso com orgulho uma mochila e quando isso também não der mais certo, vou usar esses práticos e carrinhos de compras que todos deveriam usar para poupar a coluna.

Nesse meio tempo parei de tingir meus cabelos ou de desfiá-los — não deve ser muito saudável — e há algumas semanas renunciei ao delineador de olhos. Isso se deve ao fato de nem sempre eu conseguir enxergar bem e minha mão não é muito firme para fazer isso e o risco muitas vezes pode ficar em lugares errados. Eu realmente acho que me dá algo de demoníaco, mas a minha filha convenceu-me a deixar de pintar os olhos e desfiar o cabelo: "Mamãe, você não parece demoníaca, mas sim... hã... bizarra! E de trás o seu cabelo fica parecendo um ninho de passarinho!"

Para a minha mudança de residência eu só olho para casas que não fiquem acima do primeiro andar — temos de pensar em tomar precauções pensando nos filhos e nos futuros netos, aos quais não queremos forçar a subir tantas escadas. Eu considero mais prática uma varanda com vasos de plantas do que canteiros no jardim, pois neste caso é preciso arrancar as ervas daninhas. Agora eu compro sapatos "saudáveis" — nos meus sapatos elegantes só consigo ficar em média quatro minutos, depois me sinto como se tivesse tomado parte numa marcha de peregrinos sobre ervilhas durante três dias.

Recentemente, visitei meu filho; orgulhoso, ele me mostrou seu novo escritório no qual havia somente assentos baixos de couro, que o meu amado marido e eu havíamos comprado quando éramos jovens. Encantada, deixei-me cair num deles, mas estranhamente não consegui me levantar outra vez (afinal, não acho correto os filhos darem risada da sua mãe). Ocorre-me... quando eu tinha sete anos, viajei com minha avó, e tivemos de correr até a estação, caso contrário, perderíamos o trem. Naquela ocasião fiquei totalmente surpresa quando ela começou a correr — eu não sabia que pessoas de idade ainda podiam correr. De fato, eu pareço um pouco inábil quando corro para atravessar o cruzamento.

Meu dentista acha que nos últimos séculos, nós, os seres humanos, ficamos cada vez mais velhos e, por isso, temos de conviver com a nossa própria decadência física. Esse é o ponto do envelhecimento que considero francamente indigesto. Mas em pensamentos eu ainda escorrego feliz pelo corrimão da escada, faço lutas de bolas de neve, danço ou mando bolhas de sabão para o céu.

Eu acredito que temos de nos manter interiormente em movimento, mesmo que externamente isso não dê mais tão certo. Não devemos parar nunca de aprender, de falar com pessoas de todas as gerações e de reunir novos conhecimentos. É importante levantarmo-nos curiosos todas as manhãs, mesmo que a coluna doa e as articulações produzam subitamente rangidos perturbadores. No sentido negativo do envelhecimento — eu acredito que uma pessoa só é "velha" quando afirmar que não precisa aprender mais nada, que sabe tudo e, principalmente, que sabe tudo melhor que os outros.

De resto — quando envelhecemos, os pés ficam mais largos e as orelhas maiores.

Barbara de Raad

A velha e o gato

Gerda Stracke era viúva de um montanhês.

Ela morava ao lado de uma mina desativada numa antiga povoação de trabalhadores na montanha. A mina estava fechada há muito tempo e as casas da povoação, tão decadentes quanto os seus moradores.

Quem entrava na rua em que Gerda Stracke morava, acreditava estar deixando um mundo colorido, despreocupado para mergulhar numa atmosfera sombria, opressiva.

As casas pequenas foram construídas numa fileira. Com o decurso do tempo ficaram com uma cor de sujeira, o reboco estava cheio de rachaduras e descascado em vários pontos. Na parte posterior das casas havia um quintal. Isoladamente, alguém fizera a tentativa de plantar verduras, e havia alguns coelhos e pombais, mas na maioria dos casos só havia relvados maltratados e tranqueiras.

Gerda Stracke morava na última casa da rua. Por trás havia um terreno em que cresciam algumas árvores e arbustos desgrenhados, onde fora despejado velho entulho de construção e também todos os outros tipos possíveis de lixo que, protegidas pela escuridão, as pessoas jogavam entre os arbustos.

Um pouco adiante, descendo a montanha, corria um estreito rio de águas de esgoto que dava num riacho que, conforme a direção do vento, espalhava seu mau cheiro por toda a povoação.

A casa de Gerda Stracke, como todas as outras casas, não tinha na frente um jardim que a alegrasse. Com quase setenta anos, a organização doméstica e o quintal já lhe davam trabalho suficiente. Devido à sua figura corpulenta faltava-lhe flexibilidade e, devido à idade, era atormentada por alguns incômodos de saúde.

As suas duas filhas eram casadas e moravam em outra parte da cidade. Elas só apareciam raramente de visita. Sua tristeza sobre a distância das suas filhas ela havia enterrado bem fundo no coração e só raramente pensava nisso. Pois, fosse como fosse, ela nunca conseguiu explicar se a culpa era dela mesma ou da sua educação; ou se as filhas tinham sido criadas pelo destino de coração tão duro que simplesmente se esqueciam de sua velha mãe.

Mas ela não tinha problemas em passar os seus dias solitários. Ela dormia durante toda a manhã, almoçava com fartura e depois ia fazer compras num pequeno negócio cuja dona tinha quase a mesma idade que ela.

Ali ela sempre podia conversar magnificamente, e muitas vezes ela se alegrava por ainda haver essa loja.

Depois de fazer as compras ela se sentava à mesa na sua sala de estar e lia o jornal que trouxera, da página-título, passando pela página de esportes e chegando até os obituários. Ela participava dos acontecimentos atualizados do dia.

Só depois do almoço, que ela cozinhava em grande quantidade com prazer, era a vez de ler as revistas compradas semanalmente.

Com tempo bonito, quando o sol parecia suficientemente quente, à tarde ela sentava no seu terraço e fazia crochê, tricô ou lia.

O pequeno Abdul ceifava o seu gramado. Ele morava com os pais e quatro irmãos três casas à frente, e gostava de ganhar uma pequena mesada.

Para ela o velho arado manual era pesado demais e, graças à renda deixada pelo falecido marido, ela podia se dar esse pequeno luxo.

Com mau tempo ela já ligava a televisão à tarde e ficava sentada diante dela até bem tarde da noite. Ela adoçava o tempo saboreando um chocolate e muitos outros doces. Assim, nunca havia monotonia.

Certa noite, ela acabara de comer o resto de um magnífico prato à base de couve e estava sentada diante da televisão numa expectativa tensa, visto que seu programa de crime preferido estava prestes a começar, quando ouviu um barulho que vinha do terraço.

Só depois de olhar por muito tempo ela conseguiu reconhecer o que era: um grande gato preto que a encarava com brilhantes olhos amarelos.

Gerda Stracke logo desviou o olhar. Ela não gostava de animais e, além disso, o gato lhe causava desagrado. O programa criminal também logo começou; no entanto, a ação não conseguiu prendê-la como de costume. Ela não conseguia deixar de pensar no gato de olhos brilhantes, embora tentasse não olhar para lá e o gato não emitisse nenhum som.

Alguns minutos depois o gato estava na mesma posição de antes, mas os olhos dele pareciam brilhar ainda mais.

Gerda Stracke não conseguiu mais desviar o olhar. Os olhos do gato pareciam querer lhe dizer para ela abrir a porta do terraço.

Gerda Stracke estremeceu. "Mas que tolice", ela pensou alto, mas resolveu sair para observar o gato mais de perto.

Assim que ela abriu a porta do terraço, naturalmente o gato entrou, olhou em volta tranqüilamente e pareceu satisfeito.

Gerda Stracke não sabia o que fazer, deixar a porta aberta ou fechá-la.

Ela olhou para o gato. O gato virou a cabeça: "Você pode fechar a porta. Eu fico aqui", os olhos pareciam lhe dizer.

Gerda Stracke fechou a porta. "Com certeza o gato está com fome", pensou. Ela foi até a cozinha e buscou uma tigelinha de leite. O gato bebeu o leite sem fazer barulho e olhou novamente para ela. Gerda Stracke tentou novamente acompanhar a ação dos criminosos na televisão, mas ela sentia o olhar do gato. Ele a distraía. Ela simplesmente não conseguia se concentrar. O que o gato poderia querer ainda? Os olhos do gato estavam brilhando cada vez mais. — Carne, carne, carne! — Com nitidez e alto ela ouviu as palavras, embora a televisão estivesse ligada. Ela fez um esforço para pensar. Ela comprara duas costeletas de porco para o dia seguinte. Elas estavam na geladeira. Ela foi depressa até a cozinha, abriu a geladeira e retirou uma costeleta. No armário de cozinha ela pegou uma tábua de carne, da gaveta a sua faca afiada e depressa picou a carne em pedacinhos.

Ela levou a carne num pratinho até a sala de estar, onde o gato, sentado no sofá, parecia estar à sua espera.

Cuidadosamente, ela colocou o prato no chão. O gato se esticou, fez uma corcova e se aproximou dela, com movimentos lentos e fluentes. Primeiro ele farejou a borda do prato, depois a carne. Ele parecia insatisfeito.

"Ora", disse Gerda Stracke, "isso não é uma coisa boa?" O gato olhou para ela. Com toda clareza ela podia ler a depreciação nos olhos do gato. "Eu não tenho outra coisa", ela disse para o gato na esperança de que ele a entendesse. "As lojas já fecharam há tempo, mas amanhã cedo eu compro uma coisa fina para você."

De má vontade o gato olhou para o prato, mas a fome pareceu predominar. Com uma expressão mal-humorada nos olhos o gato abaixou a cabeça e esvaziou o prato.

Sem dignar-se a honrar Gerda Stracke com um olhar, ele voltou para o sofá, pulou para ele com um salto elástico, se enrolou e fechou os olhos e adormeceu.

Gerda Stracke sentou-se na cadeira. No seu lugar no sofá, onde estava a bela almofada de crochê, ali dormia o gato. Ela não conseguia mais tirar os olhos dele. Agora ela tinha um gato, um gato grande, muito bonito.

Ela teve a impressão de sentir-se mal. Ela nem sequer gostava de animais!

Cansada ela voltou novamente o olhar para a televisão. Não, hoje ela não conseguia mais acompanhar a televisão, e o crime já acabara há muito tempo. Ela se levantou, desligou o aparelho, deu uma última olhada no gato adormecido e com pernas cansadas subiu a escada para o seu quarto.

Ela pensou se devia armar o despertador para o dia seguinte, a fim de acordar na hora certa. Assim ela logo poderia comprar carne boa para o gato.

Na manhã seguinte, muito mais cedo do que de costume, ela estava no pequeno armazém. Ela comprou um quilo da melhor carne de rês e passou pela situação dolorosa de ter de devolver o chocolate que havia comprado para si mesma, visto que não trouxera dinheiro suficiente. Nesse dia também não teve a calma necessária para a tagarelice costumeira. Afinal, o gato estava à espera dela. Ela voltou rapidamente para casa.

Quando o gato viu a carne, os olhos dele brilharam. Gerda Stracke ficou orgulhosa por ter comprado o certo.

Dois dias depois tudo havia sido consumido, e ela precisou ir outra vez ao armazém a fim de comprar carne fresca. Depois de uma semana, ela constatou consternada que havia vivido totalmente além do seu orçamento. Era o meio do mês e ela já havia gasto quase o que costumava gastar num mês. Febril, ela fuçou no meio das suas roupas. Encontrou apenas uma nota de cinqüenta euros. Cansada, sentou-se na beirada da cama. A cada dois dias ela trazia um quilo de carne de rês para o gato, incrível essa quantidade.

Para o final de semana ela comprou apenas o mais necessário para si e renunciou totalmente aos doces. O reconhecimento nos olhos do gato, quando recebia sua tigela amorosamente preparada, a fizeram esquecer logo da sua renúncia. Apesar disso, quando estava anoitecendo foi atormentada outra vez pelo pensamento de que mesmo com as maiores restrições da sua parte, ela quase não podia pagar a comida do gato.

No período seguinte ela continuou a reduzir seus gastos. Quando chegou a hora de ceifar o gramado, ela mandou Abdul para casa e foi buscar ela mesma o velho arado manual no depósito. Para ceifar o pequeno gramado ela levou toda a tarde. Isso a cansou de tal maneira, empurrar o velho arado manual pelo gramado, que durante todo o tempo sentia-se prestes a desmaiar. Ela foi várias vezes até a cozinha para tomar um copo de água.

Enquanto isso, o gato ficou deitado no velho banco de madeira que estava no terraço e ficou olhando para ela com uma expressão enigmática nos olhos amarelos.

Os dias confortáveis, agradáveis haviam se acabado. Ela teria de apertar suas saias, pois emagrecera muito. Até mesmo a sua amiga, dona do pequeno armazém, já a havia interrogado várias vezes sobre isso e tentado entabular uma conversação. Ela simplesmente não podia entender que agora havia outros interesses na vida de Gerda Stracke.

No futuro Gerda Stracke cogitou de fazer o caminho mais longo até o outro supermercado. Ali a carne era mais barata, e assim poderia esquivar-se das perguntas que lhe roubavam tempo.

À noite, depois que o gato recebera seu jantar, como antes ela ficava vendo televisão, porém, não tinha mais a antiga resistência. Agora se cansava mais depressa.

O gato era amoroso e carinhoso, no entanto, nunca perdeu a aura de arrogância que o cercava.

No período seguinte, as notas tenazmente guardadas na caderneta de poupança a ajudaram a contornar o aumento de despesas. Mas quando esse dinheiro acabou, Gerda Stracke superou seu orgulho e escreveu às duas filhas com um pedido de ajuda. Por causa das economias necessárias o telefone há muito estava desligado.

As duas filhas chegaram na semana seguinte. Cada uma delas lhe deu cinqüenta euros e não poupou advertências. A sua aparência era indiscutível. Ela quase não pôde ser reconhecida. Totalmente magra e mal vestida. Se ela continuasse com dificuldades de lidar com seu dinheiro ela provavelmente teria de ir para o asilo.

Gerda Stracke ficou profundamente ofendida. O lar de idosos significava ter de separar-se do seu gato. Impensável. Totalmente desesperada, ela resolveu nunca mais ter contato com as filhas. Por conta própria, nenhuma das duas faria contato.

Cem euros — seu último dinheiro — e ainda restavam três semanas até ela receber seu rendimento. Ela quase não conseguiria comprar algo para comer. Para o gato simplesmente não deveria faltar nada.

No final do mês ela não passava de uma sombra de si mesma. Quem não a tivesse visto há bastante tempo não a reconheceria. Mas o seu gato não tivera de renunciar a nenhum dos seus pratos prediletos. Como ela conseguira fazer isso, ela mesma não conseguia explicar, mas estava muito orgulhosa do seu desempenho.

A sua vida anterior ficara no passado. Ela não pensava nela. Ela estava muito ocupada com o seu dever de cuidar do seu gato da melhor maneira possível. O agradecimento e o reconhecimento nos olhos do gato a enchiam de um extraordinário sentimento de felicidade.

Enquanto isso, em muitos dias ela estava fraca demais para se vestir pela manhã. Nesses dias ela apenas ia até a cozinha para colocar o alimento e o leite à disposição do gato. Mas muitas vezes lhe faltavam as forças para cozinhar algo para si mesma, porém à noite, ela contava satisfeita quanto dinheiro havia economizado com isso.

Depois de algum tempo ela só se levantava e se vestia quando a carne e o leite do gato houvessem acabado. Com suas últimas forças ela arrastava as sacolas pesadas do supermercado até a casa pelo longo caminho.

Se alguma das vizinhas se admirou com a sua má aparência, não deu para perceber. Ninguém nunca falava com ela. Devagar o seu jardim se tornava um matagal, mas nessas redondezas isso não chamava atenção.

Como ela pôde constatar com grande freqüência, enquanto isso conseguia viver quase sem se alimentar, sem que lhe faltasse alguma coisa. A fome, que antes a atormentava às vezes um pouco, havia cessado totalmente.

Certa noite o gato veio até a cama dela. Ele nunca havia feito isso antes. Nunca antes ele havia subido as escadas.

Quando ela percebeu o gato deitado no seu travesseiro, ela abriu os olhos com dificuldade. Pesadamente ela virou a cabeça e olhou para o gato.

Os olhos do gato eram grandes demais. Eles brilhavam. Só ela entendia a sua linguagem. Nos olhos do gato ela leu tristeza. O seu corpo ficou cada vez mais pesado. Os seus braços e mãos estavam tão pesados que ela não conseguia mais erguê-los para acariciar o gato.

Apesar disso, ela estava feliz. O brilho nos olhos do gato a envolvia. De repente sentiu-se muito leve. Era como se ela começasse a flutuar.

Agora ela somente via os olhos do gato. Nada mais. E o amor nos olhos dele. O amor por ela. Unicamente por ela.

Ela havia cultivado esse amor e nada poderia tirá-lo dela.

Josephine Kroetz

Por quê?

Por que o bom e o mal se misturam?
Por que tenho a impressão de que uma faca corta o meu rosto
quando uma lágrima corre por ele?
Por que acordo de noite, e durmo de dia?
Por que não sei onde posso me encontrar?
Por que tenho medo da morte, mas não tenho medo da vida?
Por que eu vejo você na minha sombra?
Por que eu sei que você não me esqueceu?
Por que me queimo no fogo do passado?
Por que o meu amor não se apaga?
Por que faço tantas perguntas tolas?

Eu posso lhe dizer.

É a vida... A vida dói.
É o amor... O amor dói.
É a felicidade... A felicidade dói.
Mas nós temos de aprender a ocultar essa dor e
deixar-nos conduzir pelos sentimentos dessa dor.

Eu sinto o amor quando penso em você... Eu me
deixo conduzir por esse amor intenso...
Mesmo que isso me cause dor.

Esclarecimento final

Marie Theres Kroetz-Relin

Ficar juntos para mudar

Para encerrar eu gostaria de agradecer a todos os que me possibilitaram fazer uma coisa impossível: exatamente este livro.

Desejo destacar especialmente:

Meu marido, Franz Xaver Kroetz, e meus filhos Josephine, Magdalena e Ferdinand, sem os quais este livro seria impensável.

Anja Quattlender pelo ótimo trabalho conjunto.

A todas as mulheres e homens da revolução das donas de casa pela sua coragem para ser francos e criativos, sua ajuda incansável, sua prontidão e apoio, especialmente também àqueles cujas contribuições estão neste livro.

A Bettina Feldweg e à editora Piper que me acolheram.

A Erwin Brandl que sempre me deu bons conselhos.

E a você, querida leitora e querido leitor.

E se o céu sobre você escurecer e você perceber um barulho, então são porcos voando que aprenderam a ficar juntos para mudar.

Eles estão a caminho de tornar o impossível possível.

Mais nada.

Os colaboradores

Marita Beckmann, nascida em 1956, dona de casa e mãe de dois filhos.

Helga Braun (Helga Dürselen, quando solteira), nascida em 1933, dona de casa e mãe de dois filhos adultos, jornalista free-lancer e autora.
"Branca de Neve vivia na maior harmonia com os sete anões. Só se questiona como ela se arranjou a longo prazo com o seu príncipe."

Sibylle Dawson, dona de casa, especialista em marketing (merchandising) casada, sem filhos.

Barbara Fabricius-Exner, nascida em 1959, dona de casa e mãe de dois filhos, antes comerciante editorial, que foi transferida para a "página escrita".

Lisa Fitz, nascida em 1951, dona de casa, atriz de cabaré, atriz, autora, e mãe de um filho, Nepomuk.
"D´ont dream it — do it!"
Mais informações: www.lisafitz.de

Luisa Francia, nascida em 1949, não é dona de casa, é autora, mãe de uma filha.
Mais informações: www.salamandra.de

Erich Fromm, nascido em 1900, faleceu em 1980, psicanalista.

Angelika Golfidis-Laschai, nascida em 1965, auxiliar de jardim-de-infância, dona de casa e mãe de um filho, irmã de Elena Golfidis.

Elena Golfidis, nascida em 1961, dona de casa, ativa no trabalho da imprensa. Mãe de um filho.
"Grega da Baviera à procura de liberdade — fiel ao seu tipo ideal. Nikos Kazantzakis: 'Eu não creio, eu não espero, eu sou livre'."

Brigitte Hieronimus, nascida em 1951, dona de casa, escritora, conselheira sobre menopausa, duas vezes mãe e avó.
"Eu amo a minha vida e tenho exatamente a temperatura correta para isso!"
Mais informações: www.brigitte-hieronimus.de

Susan-Barbara Hofer, nascida em 1958, dona de casa, professora estatal testada para problemas da fala e de voz, fonoaudióloga, mãe de cinco filhos.
"Todos os dias eu tento justificar o meu ser, a minha responsabilidade como mãe e o meu adorado trabalho... nem sempre é fácil, mas é um empreendimento maravilhosamente intensivo e significativo."

Wolfgang Hoehn, dono de casa, nascido em 1961, *Word Usher* (indicador do lugar das palavras), autor e pai de um filho.
Características pessoais: "olhos azuis, autocentrado e pensativo (não divertido); além disso, bastante desiludido com os homens e mulheres, sarcástico e um cliente forte — lide com cuidado!"
Mais informações: www.montagskolumne.de

Franz Xaver Kroetz, nascido em 1946, dono de casa, dramaturgo, diretor, ator, pai de cinco filhos.
"Querida mulher, eu já fui um porco voador, mas nesse meio tempo perdi as minhas asas (como tanta coisa) e não consigo mais encontrá-las. Por isso me alegro muito mais quando em um dos meus muitos dias vazios posso ajudá-la em seu bonito livro, e lhe desejo sorte em todas as suas ações de vôo. Seu marido."

Josephine Kroetz, nascida em 1988, estudante, filha de (veja acima e adiante).
Lema: *"Life is today, tomorrow never comes!"* [A vida é hoje, o amanhã nunca vem.]

Marie Theres Kroetz-Relin, nascida em 1966, dona de casa e mãe, três filhos: Josephine, Magdalena, Ferdinand, antes artista, mulher de F. X. Kroetz, 1ª iniciadora da Revolução das Donas de Casa.
"Mude o mundo, ele está precisando." (Bertold Brecht)
Mais informações: www.hausfrauenrevolution.com

Olaf Leitner, nascido em 1942, dono de casa, autor, jornalista, pai de um casal de gêmeos.

"Escrevi por toda a mídia, agora também sou — graças à Marie — 'autor da internet'."

Martin Meggle, nascido em 1964, solteiro, jornalista e autor.

Christian Nürnberger, nascido em 1951, dono de casa, coordenador executivo do Family Synergies do Gerster-Nürnberger Wir AG, ativista pela paz na guerra entre os sexos (em casa cozinha pela paz) e autor livre. Dois filhos.
"A força está na calma. Mas também: um sentimento de ordem traz lucro, limpeza que alegra o coração."

Petra Plaum, nascida em 1972, dona de casa e mãe de três filhas.
"Por último foi: jornalista de TV — muito *stress* e muita diversão. No momento é dona de casa — também muito *stress* e muita diversão. Mas por que todos dizem ahhhh!, quando a mulher se apresenta como jornalista de TV, e todos só dizem oh... quando se define como dona de casa?"

Brigitta Pucher, nascida em 1954, dona de casa e mãe de dois filhos.
"Antes enfermeira-pediatra, depois diplomada em comércio. Desistiu da profissão, visto que o marido trabalhava numa multinacional e era mandado para vários países. Minha vida é a de uma ex-esposa."

Anja Quattlender, nascida em 1966, dona de casa, cozinheira, antes hoteleira, mulher especialista em computadores, funcionária de banco, 2ª iniciadora da Revolução das Donas de Casa.
"Se alguém me perguntar qual é a minha função na revolução das donas de casa, então eu digo: alguém tem de manter essa galinha doida no chão!"
Mais informações: www.hausfrauenrevolution.com

Barbara de Raad, nascida em 1962, dona de casa, economista diplomada, funcionária de banco, e mãe de uma filha adulta.
Mais informações: www.bavarians-best.de

Nicole Ray, dona de casa, jornalista e autora, sem filhos.
"Só se dermos a nós mesmas uma oportunidade, os outros também nos darão alguma."

Louise Reuter (em Roltem, Elisabeth Reuter), nascida em 1943, dona de casa, autora, ilustradora, mãe de dois filhos.

"Nos meus livros, romances e ilustrações eu torno visível a violência cometida pelos homens contra os homens — nas minhas anotações eu rio de mim mesma e dos outros..."

Richard Rogler, nascido em 1949, dono de casa, cabaretista, pai de uma filha.
"Querida Marie Theres, eu sou agradavelmente cego."
Mais informações: www.richard-rogler.de

Jutta Rotter, nascida em 1964, dona de casa e mãe de três filhos.
"Pigs can fly!"
Mais informações: www.members.aon.at/fam-rotter

Bärbel Schermer, nascida em 1966, dona de casa, jornalista independente, mãe de um filho.

Gudrun Schilken, nascida em 1960, dona de casa e mãe de três filhos.
"Juchz! Hurra! O impossível ficou possível! Eu estou encantada! Mas, apesar disso, fico no meu lugar. Ai, afinal qual é o meu lugar?"

Simone S., nascida em 1967, dona de casa, comerciante, empregada de consultório médico, mãe de um filho.
"Gosto de escrever, mas nem sempre em caráter autobiográfico."

Wolfgang Sréter, nascido em 1946, dono de casa, economista nacional diplomado, autor independente e pai de dois filhos.

Tina Wiegand, nascida em 1959, dona de casa, hipnoterapeuta, cantora, compositora, escritora, mãe de dois filhos.
"Alegro-me com o estrondoso sucesso da Revolução das Donas de Casa e vou continuar a apoiá-la, Marie Theres, com conhecimento de causa e consciência! Muito grata pelo grande reconhecimento!"
Mais informações: www.soulfit-factory.de, www.soulfit.de

Monika Zemene, nascida em 1963, dona de casa, antes historiadora, mãe de duas filhas.
"Eu não desejaria ter feito nada de outro modo!"

Além dos colaboradores, a editora agradece as seguintes licenças de impressão:

Definição de "Hausmann" e **"Hausfrau"** [dono de casa e dona de casa] a *Meyers Taschenlexikon* em 24 volumes.
Copyright Bibliographisches Institut & F.A. Brockhaus, Mannheim 2003.

Erich Fromm, *Mut zur Kreativität*, de: *Der Kreative Mensch*, em Erich Fromm, obras completas, vol. IX, Deutsche Verlags-Anstalt, copyright 1959 de Erich Fromm.

Christian Nürnberger, *Frauen. Warum wir sie trotzdem lieben* [mulheres, porque nós as amamos apesar de tudo], copyright 2004 do Rowohlt Berlin Verlag GmbH, Berlim.

Maria Schnell, de: *Kostbarkeit des Augenblicks* [A preciosidade do momento], copyright 1985 de Langen Müller no F. A. Herbig Verlagsbuchhandlung GmbH, Munique.

IMPRESSÃO E ACABAMENTO